AF362693

MÉMOIRE,
LETTRES PATENTES
ET ARRÊTS.

POUR

Les Organiftes Compofiteurs de Mufique, faifans Profeffion d'Enfeigner à toucher le Clavecin , les Inftrumens d'harmonie , & fervans à l'accompagnement des Voix.

CONTRE

Le Roi & Maître des Méneftriers , & la Communauté des Maîtres à Danfer , Joueurs d'Inftrumens tant haut que bas & Hautbois.

A PARIS,
De l'Imprimerie de *DELAGUETTE.*

M. D. C. C. L I.

AVERTISSEMENT.

To u t e s les Piéces de ce Recueil ayant été im-
primées à plufieurs reprifes, elles ne fe trouvent
pas de fuite. L'ordre dans lequel elles devroient
être, font :

M e m o i r e s.

T i t r e s.

JUGEMENT DEFINITIF.

L'on trouvera ce Recueil de Piéces dans les Bibliotéques Publiques.

MEMOIRE

POUR les Organiſtes du Roi & autres Organiſtes & Compoſiteurs de Muſique , faiſant Profeſſion d'Enſeigner à toucher le Clavecin & les Inſtrumens d'harmonie.

CONTRE *le ſieur Guignon Roi & Maître des Méneſtriers & les Maîtres à Danſer , Joueurs d'Inſtrumens tant hauts que bas & Hautbois.*

E Roi des Méneſtriers auroit dû par l'effet d'une politique bien menagée, dérober à la connoiſſance du Public, la foibleſſe de ſon état, & s'appliquer uniquement à l'entretenir dans l'accord parfait & dans la douceur qui doivent lui être propres ; mais ce Potentat ſonore animé de vûes ambitieuſes & de projets trop intéreſſés, cherche à étendre les bornes de ſa domination. Il prétend que tous les ſons harmonieux de quelque nature qu'ils ſoient, rendent hommage à ſon Sceptre ou ſon Archet , & deviennent tributaires de ſon Empire. Il entreprend de s'aſſervir de nouveaux ſujets, qui ſous une autorité plus puiſſante que la ſienne, ont conſervé dans tous les tems la liberté de leur Art. Ces tentatives téméraires allarment avec raiſon ſes voiſins , & conſtituent ceux qu'il attaque dans la néceſſité d'oppoſer une défenſe légitime à l'effort des armes qu'il employe pour les ſubjuguer. La

A

modération doit être une des vertus favorites des Rois. L'expérience nous apprend que les plus grands Monarques mettent leur gloire à renfermer eux-mêmes leur puissance dans de justes limites. Le Roi des Ménestriers se montre peu touché de ces beaux exemples, c'est donc au bras de la Justice à l'arrêter dans les incursions qu'il veut faire sur des terres étrangeres.

F A I T.

Chaque Corps ou Compagnie avoit autrefois un Supérieur ou Coriphée que l'on qualifioit du titre de Roi ; les Merciers, les Arpenteurs, les Barbiers, la Bazoche, les Arbalêtriers, les Soldats d'Elite nommés *Ribauds* & nombre d'autres avoient chacun leur Roi particulier, mais les exactions & la tyrannie firent anéantir peu-à-peu ces simulacres de Royauté.

Les Menestriers plus amateurs des anciens Usages, ont été les derniers qui ayent conservé cette précieuse image de l'antiquité, on ne connoît plus que le Roi d'Armes & le Roi des Menestriers; mais le premier a peu de tributaires, & ses fonctions ne s'exercent que dans des cérémonies passageres; l'autre au contraire est toujours en fonction; il a beaucoup de sujets & prétend exercer son Empire tant sur terre que sur mer, dans toute l'étendue du Royaume.

La Dinastie des Rois des Menestriers n'est pas exactement connue. Les Sçavans ont négligé cette partie intéressante de l'Histoire; on sçait seulement qu'après la mort de Constantin fameux Violon de son tems, la Couronne passa en 1657. à Dumanoir Premier, ensuite à Dumanoir Second, qui par une abdication volontaire & généreuse, occasionna une anarchie en 1685. Louis-XIV. vit indifféremment l'extinction de cette Royauté, & il déclara même qu'il ne jugeoit pas à propos de la ressusciter.

La Monarchie Menestriere avoit été perpétuellement agitée par des troubles & des guerres civiles ou étrangeres. Les Maîtres à Danser aidés de leur Chef, avoient plaidé plus de 50. années contre les vils Artisans qui deshonoroient leur Art en jouant dans les Cabarets, pour leur retrancher une corde de leurs Violons, & les réduire à l'ancienne & premiere forme des Instrumens nommés *Rebecs*. Ils avoient poursuivi les Danseurs de Ville & les avoient fait condamner par un Arrêt solemnel du quatorze Janvier 1667. Dumanoir Premier ayant départi des Lieutenans dans les Provinces, il avoit essuyé différentes condamnations à Abbeville & à Paris. Il s'éleva encore une infinité de Procès contre tous les particuliers qui sans qualité s'ingeroient de jouer aux Nôces & dans les Sérénades. La recherche fut étendue jusqu'aux Maitres qui tenoient Assemblée les Dimanches avec plusieurs Violons. On les fit réduire à un seul. Le Roi des Meneſtriers & les Maîtres à Danſer nommés Académiciens ſe diviſerent bien-tôt après. Ceux-ci ſoutinrent que leur Roi n'avóit pas le droit de conférer la Maîtriſe de Danſe , & que ſon pouvoir ſe bornoit aux ſimples Vio-lons. Ils actionnerent enſuite les Hautbois , ſous prétexte qu'ils anticippoient ſur leurs fonctions , & après avoir eſſuyé quelques condamnations déſagréables , ils parvinrent à les comprendre nom-mément dans leur hierarchie.

Enfin , nulle Communauté ne ſe montra plus diſſonante , plus tumultueuſe , tous les Tribunaux retentirent du bruit de leurs di-viſions , & leurs querelles enrichirent la Juriſprudence d'une mul-titude de Jugemens dans tous les genres.

Les Organiſtes Compoſiteurs de Muſique faiſant Profeſſion d'Enſeigner à toucher le Clavecin & les Inſtrumens d'harmonie , ne furent pas plus exempts que les autres de leurs recherches in-quiétes , mais la diſtinction de leur Art , en aſſura la liberté. Une foule de titres ſucceſſifs réprima l'entrepriſe du Roi des Menef-triers , & ils devoient ſe flatter de jouir irrévocablement d'une paix qui n'étoit que la ſuite de leur triomphe ; entr'autres une Dé-claration du 2 Novembre 1692. un Arrêt ſolemnel du 7 Mai 1695. & des Lettres Patentes du 25 Juin 1707. paroiſſoient des barrieres inſurmontables que les Maîtres à Danſer n'aſpireroient jamais à franchir , mais l'ambition & la cupidité ne ſe contrai-gnent que pour un tems. Si elles cédent à la force , le germe ſubſiſte intérieurement , & renouvelle ſes efforts à la premiere occaſion.

Les Maîtres à Danſer ſignalerent les années de l'interrégne par pluſieurs Procès entr'eux , & contre les Doctrinaires établis à Saint Julien des Meneſtriers. Il leur fallut nombre d'années pour ſe remettre de l'épuiſement où tant de combats les avoient ré-duits , & ils jouiſſoient depuis quelque tems d'une tranquillité ap-parente.

En 1741. le ſieur Guignon célébre par les talens de ſa main , eut la noble ambition d'en ſolliciter la récompenſe d'une maniere diſtinguée. Il aſpira à faire revivre en ſa faveur un titre mort & preſque oublié depuis près d'un demi ſiécle. La bonté du Roi vou-lut bien l'honorer de la Couronne Meneſtriere , & les proviſions lui en furent expédiées le 15 Juin de la même année.

Le motif de cette conceſſion eſt que Dumanoir fils , Roi & Maî-tre des Meneſtriers & de tous les Joueurs d'Inſtrumens , tant hauts que bas de ce Royaume , s'étant volontairement démis de ſa place en faveur de la Communauté des Maîtres à Danſer , par Acte paſſé par-devant Notaires à Paris le dernier Décembre 1685. cette réu-nion n'a pû être faite ſans Lettres d'autoriſation. D'ailleurs que la réunion loin d'avoir été avantageuſe aux Joueurs d'Inſtrumens,

& Maîtres de Danſe ; a donné lieu à un dérangement total dans les affaires de leur Communauté , tant par l'inexécution des Réglemens que par les dettes conſidérables que la mauvaiſe adminiſtration des Jurés leur a fait contracter , c'eſt pourquoi le Roi ſe détermine *à faire revivre un Office ſi néceſſaire au rétabliſſement du bon ordre* , & Sa Majeſté connoiſſant l'expérience que le ſieur Guignon s'eſt acquiſe dans ſa Profeſſion , les recherches qu'il a faites , la ſatisfaction qu'Elle reſſent de ſes ſervices , & les vœux unanimes des Maîtres qui compoſent la Communauté. A ces Causes, Sa Majeſté lui octroye l'Etat & Office de Roi & Maître des Meneſtriers & de tous les Joueurs d'Inſtrumens , tant hauts que bas , de ſon obéiſſance , pour en jouïr comme en a joui ou dû jouïr Dumanoir. Mandant à tous ſes Officiers après ſerment reçu , de lui faire obéïr & entendre de tous ceux qu'il appartiendra aux choſes concernant ſon Office , &c.

Ces Lettres furent préſentées , & par Arrêt du 11 Janvier 1742. rendu ſur les Concluſions de M. le Procureur Général , il fut ordonné avant faire droit que les Proviſions en forme de Lettres Patentes ſeroient communiquées aux Jurés de la Communauté des Meneſtriers & des Joueurs d'Inſtrumens tant haut que bas , & des Maîtres à Danſer , ainſi qu'à tous autres de leur Communauté convoqués & aſſemblés en la maniere accoutumée , pour donner tous leur conſentement à l'enregiſtrement & exécution des Proviſions , ou y dire autrement ce qu'ils aviſeroient bon être , pour ce fait communiqué , être enſuite ordonné ce que de raiſon.

Les Jurés Anciens & Maîtres de la Sale & Communauté , furent convoqués par billets à Saint Julien des Meneſtriers. On n'y invita aucuns Organiſtes , aucuns Profeſſeurs de Clavecin & des Inſtrumens d'harmonie , & l'on penſoit bien alors que cette Confrairie leur étoit étrangere. Le peu de ceux qui jugerent à propos d'aſſiſter à la délibération , conſentirent , dit-on, *avec plaiſir* à l'enregiſtrement des Lettres Patentes conformément à leurs Satuts , & par Arrêt du 8 Février 1742. la Cour prononça l'enregiſtrement ſans préjudicier aux droits de la Communauté.

En exécution de ces Lettres , le Roi des Meneſtriers prêta ſerment devant M. le Lieutenant Général de Police.

Le ſieur Guignon crut devoir ſignaler la ſageſſe de ſon Gouvernement par un nouveau Code. Il aſſembla ſes Conſeillers intimes pour concourir avec lui à la rédaction des Réglemens qui devoient aſſurer la police de l'état des Meneſtriers ; & le 25. Juin 1747. on mit au jour à Saint Julien 28 articles de Statuts , qui reçurent une approbation unanime de la part de ceux qui les avoient fabriqués. Un des principaux objets qu'on paroiſſoit avoir en vûe , étoit détendre la domination du Roi des Meneſtriers , & de lui procurer des fubfides plus que fuffifans pour foutenir l'éclat de fa dignité.

Ces Statuts étoient intitulés , *Réglemens approuvés & confirmés par Sa Majefté pour la Communauté des Maîtres d'Inftrumens & de Danfe à Paris , & par toutes les Villes du Royaume.*

Ce titre étoit une extenfion de la qualité du Roi des Meneftriers , à qui les Lettres Patentes ne conferoient pas le droit d'envahir fous fa *dition* , tous les inftrumens en général du Royaume ; mais fimplement les Meneftriers & Joueurs d'inftrumens tant hauts que bas , termes qui fe font toujours bornés aux fimples Maitres à Danfer.

L'article premier des Statuts étoit encore moins équivoque. Il porte que *les Maîtres , tant pour la Danfe que pour tous les jeux d'Inftrumens , violons , baffes de violons , hautbois , flutes , mufettes , baffons , violes , baffes de violes , orgues , clavecins , & généralement de tous les inftrumens de mufique tant hauts que bas , de quelque nature qu'ils puiffent être , tant à Paris que dans toutes les autres Villes du Royaume , font & continueront d'être réunis à la Comuunauté de Saint Julien des Meneftriers , &* ne feront tous enfemble qu'un feul & même corps qui reconnoîtra unanimement pour chef commun , fous le titre de Roi des Violons , celui qu'il aura plû à Sa Majefté de leur donner pour Chef, *foit Maîtres de Danfe, foit Maîtres d'Inftrumens de Mufique, dans quelque genre que ce puiffe être.* Ce premier article eft une nouveauté qui intéreffe effentiellement les Organiftes , Compofiteurs de mufique, & faifant Profeffion d'enfeigner à toucher le clavecin dont on difpofe ici , contre la volonté de leur unique Souverain , fans leur participation , & contre l'ufage formel qui s'eft obfervé depuis l'établiffement de la Monarchie.

2°. *Le Roy des violons ne pouvant pas être préfent en perfonne dans toutes les Villes du Royaume,* on lui accorde, à l'exemple de ce qui fe pratique pour le premier Chirurgien , le droit de nommer des Lieutenans dans les principales Villes , & où bon lui femblera , pour faire obferver les Réglemens , recevoir les Maîtres dans leur reffort particulier. Ces Lieutenans doivent être reçus Maîtres à Paris , foit en perfonne , foit fur le Certificat des Officiers de la Juftice du lieu où ils réfident. Ils doivent obtenir doubles Lettres , les unes de M. le Procureur du Roy du Châtelet , les autres du Roy des Violons , & fur ces titres , *ils feront reçus & inftallés fans difficulté ,* & fans qu'ils foit befoin d'autres provifions , par les Lieutenans Généraux de Police , & autres Juges Royaux de leur réfidence.

Cet article peut être fujet à des exactions. Les Lieutenans financent pour avoir leur Office. Ils levent à leur tour des droits fur les pauvres Ménêtriers de la Campagne ; qui pour s'en dédommager , font forcés d'augmenter le prix des danfes qui font l'amufemement des Villages. Ce point de vûe du bien public auroit-il échappé aux lumieres du Roy des Ménêtriers. L'objet eft peu confidérable en lui-même, mais tout est important en matiere publique.

L'article trois permet à tout Aspirant d'être initié dans la Communauté, pourvû qu'il ait une capacité dont il fera preuve devant le Roy des Ménestriers & les Jurés : ainsi les Compositeurs d'harmonie se trouveroient soumis à l'examen des Maîtres de danses, dont la plûpart sçavent au plus jouer du violon sur un diminutif. Les plus célebres même ne s'abaissent pas jusqu'à cette fonction méchanique ; ils se font substituer par des Prévôts ; de tels Juges & sur-tout les Lieutenans dans les Provinces décideroient mal de l'habileté d'un Maître d'harmonie ; l'on sent d'ailleurs qu'il seroit répugnant de voir le mérite de l'Orgue, pere de tous les instrumens, jugé par des Maîtres à danser, Joueurs de minces instrumens nommés *Poches*.

Les articles suivans concernent la discipline intérieure de la Communauté, & sont en beaucoup de points indifférens aux Organistes.

L'article 23. & les suivans deviennent plus intéressans. Ils contiennent un tarif de ce qu'il faut payer pour être agregé dans la confraternité.

Chaque Lieutenant dans les Villes majeures doit payer 20 liv. à Saint-Julien, & 100 liv. au Roy des Ménêtriers ; ces sommes sont réduites à moitié dans les autres Villes.

Chaque Aspirant à la Maîtrise dans Paris payera 300 liv. dont 60. liv. pour le Roy des Ménêtriers. Si c'est dans une Ville majeure du nombre de quarante qui sont dénommés, il payera outre sa réception 30 liv. dont 15 liv. pour le Roy des Ménêtriers, & autant pour son Lieutenant. Chaque fils de Maître ou mari de fille de Maître, Aspirant à la Maîtrise à Paris, doit payer outre la Communauté 10 liv. au Roy des Ménêtriers, autant à son Lieutenant. Et dans les Villes majeures 10 liv. au Roy, 20 liv. à son Lieutenant. Mais dans les autres Villes & Bourgs on payera seulement 5 liv. au Roy des Ménêtriers, & 5 liv. à son Lieutenant.

Un Maître déja reçu en Province doit payer, s'il se fait recevoir à Paris, 250 liv. dont 205 liv. pour la Communauté, & 45 l. pour le Roy des Ménêtriers.

Un fils de Maître, ou mari de fille de Maître déja reçu dans une Ville majeure, doit payer 140 liv. dont 10 liv. pour le Roy des Ménétriers.

Un Maître déja reçu dans une Ville non majeure, est taxé à 275 liv. dont 225 liv. pour la Communauté, & 50 liv. pour le Roy des Ménétriers.

Un fils de Maître, ou mari de fille de Maître déja reçu dans une Ville non majeure, doit payer 152 liv. 10 sols, dont 15 liv. pour le Roy des Ménestriers.

On impose encore d'autres taxes, mais outre les droits extraordinaires, il y a des impofitions annuelles. Chaque Maître doit payer 3 liv. par année pour entretien de Confrairie, befoin de Communauté, & frais de vifite.

Chaque Lieutenant dans les Villes majeures eft impofé à 6 liv. dont moitié pour le Roy des Méneftriers. Les Villes moins confidérables font réduites à moitié.

Les Maîtres des Villes majeures doivent payer 3 o f. ceux des autres Villes 15 fols, dont un tiers à la Communauté, un autre tiers au Roy des Méneftriers, & le troifiéme à fon Lieutenant.

On régle enfuite ce qui doit être payé aux Jurés en charge, anciens Jurés, Maître de Sale, & Clerc de la Communauté.

L'article 26. établit des œuvres pieufes, *pour attirer la bénédiction du Ciel fur la Communauté;* & l'article 27. en exclut pour la perfection des Arts, les gens fans capacité, dont les talens bornés à l'amufement du peuple doivent être relegués dans les *Guinguettes.* On leur permet d'y jouer feulement d'une efpece de Violon à trois cordes, nommés *Rebecs*, fans qu'ils puiffent fe fervir d'un Violon à quatre cordes, *fous quelque prétexte que ce foit*, *à peine de confifcation au profit des Pauvres;* à la charge par eux de fe faire infcrire comme Joueurs de Rebec, au cas qu'ils faffent à Paris une réfidence de plus de quatre jours.

L'on voit que les intérêts du Roy des Ménêtriers n'avoient point été oubliés dans la rédaction de ces articles. Les fubventions ordinaires & extraordinaires ftipulés à fon profit dans toute l'étendue de la France, doivent le mettre en état de figurer avec fplendeur. Il a compris dans fes rôles les Joueurs d'inftrumens, de quelque nature qu'ils puffent être; & il prétend fe faire payer un droit de joyeux avénement par tous ceux qui n'ont point encore été infcrits dans la Confrairie à laquelle il préfide: plus il étend fes domaines, plus il multiplie fes fujets, & plus il s'affure des revenus confidérables, & beaucoup plus qu'on ne les avoit foupçonnné jufqu'alors. Ces confidérations & quelques bruits qui tranfpirerent fourdement, déterminerent les Organiftes du Roy & autres Compofiteurs de mufique faifans profeffion d'enfeigner à toucher du clavecin, *à s'oppofer à toutes Lettres Patentes & enregiftrement d'icelles qui pourroient avoir été & feroient obtenues, par la Commnauté des Maîtres à danfer, & le fieur Guignon Roy des Méneftriers pour les incorporer dans la Communauté des Maîtres à danfer ou autrement, & ce pour caufes & moyens à déduire en tems & lieu.* Cette oppofition formée au Greffe de la Cour fut fignifiée à M. le Procureur Général, le 19 Août 1747.

On refta dans l'inaction jufqu'au 22 Octobre 1749. où le fieur Guignon & fes adhérans firent, en vertu d'une Requête & Ordonnance, affigner les oppofans en la Cour, pour procéder fur leur oppofition.

Le sieur Guignon fit signifier une copie de ses titres , & des Sta‑
tuts rédigés pour l'administration de son gouvernement & la per‑
ception de ses finances.

Les opposans proposerent leurs moyens de défenses dans une
Requête du 22 Janvier 1750. Ils établirent solidement qu'on n'a‑
voit aucun droit pour les incorporer parmi les Maîtres à danser ,
qu'ils n'en avoient ni l'aptitude ni la volonté ; & que les titres qu'ils
avoient obtenu , les garantissoient pour jamais de devenir membres
d'un Corps aussi glorieux.

Le 4 Février suivant six Organistes de Paris & de Province , se
joignirent par une intervention auxiliaire aux trente-quatre pre‑
miers opposans , & l'on fit signifier au Roy des Ménêtriers , les ti‑
tres qui avoient déja décidé la question sous la Royauté de ses pré‑
décesseurs.

Ces pieces , quoique victorieuses , ne l'ont point désarmé , &
l'on s'est préparé de part & d'autre à attendre de la Justice la
décision du combat qui doit être livré à l'Audience.

Les Peres de la Doctrine-Chrétienne établis à Saint Julien des
Ménestriers ont aussi formé opposition à l'enregistrement des Sta‑
tuts promulgués par le Roy des Ménestriers.

On ne se seroit jamais imaginé que le Royaume Ménestrier pût
être agité de dissentions capables de troubler la Concorde du Sacer‑
doce & de l'Empire : cependant le Roy des Ménestriers & les Doc‑
trinaires se reprochent amerement des entreprises & des usurpa‑
tions réciproques.

Les Organistes contens de respecter l'une & l'autre puissance ,
n'entreront point dans le mérite des plaintes qui se sont formées de
part & d'autre. Ils se contenteront pour mettre leur droit dans tou‑
te son évidence , de rappeller au Roy des Ménêtriers quelques fas‑
tes de son empire , ensuite ils établiront par les monumens les plus
respectables & par des observations sans réplique , qu'il n'est pas
possible de les assujettir à une Communauté dansante , dont l'au‑
torité souveraine les a déja nommément affranchis plusieurs fois
en grande connoissance de cause.

MOYENS.

Les Compositeurs de Musique faisans Profession de toucher de
l'Orgue & d'enseigner à toucher le Clavecin , ne nieront point que
la Communauté des Maîtres à danser , Joueurs d'instrumens tant
hauts que bas , ne soit parvenue à un haut dégré de gloire & de
perfection. Le sieur Guignon lui préte encore un nouveau lustre ;
les talens brillans de ses doigts connus & admirés dans toute l'Eu‑
rope ,

rope , font de fûrs garans que la Couronne ne perdra rien de fon
éclat entre fes mains ; mais ce n'eſt pas une raifon pour aſſervir contre toutes les régles une fcience eſtimée , chérie dans tous les tems ,
qui ne s'acquiert que par des difpofitions naturelles foutenue d'un
travail pénible , & dont la liberté a été dans tous les tems l'appa-
nage précieux.

Il s'en faut bien que la Communauté des Maîtres à danfer ait
toujours été auſſi brillante.

Les recherches que l'on pourroit faire fur fon état dans les pre-
miers tems de la Monarchie lui feroient peu avantageufes. On fe
contentera donc de puifer des notions dans les fiécles plus rappro-
chés.

Vers l'année 1330. *la* Confrairie de Saint Julien des Ménêtriers
fut établie , & alors l'inſtrument à la mode étoit la Vielle.

Le titre des Confreres étoit compagnons , Jongleurs , Ménef-
treux ou Ménêtriers, & au lieu de dire un Vielleux , on difoit un
Méneſtrel.

Voici ce que nous apprennent les antiquités de Paris du Pere
Dubreuil Bénédictin au chapitre de la fondation de l'Hôpital de
Saint Julien aux Méneſtriers. **»** En 1331. il fe fit une aſſemblée
» audit Hôpital de Jongleurs & Méneſtriers , lefquels d'un com-
» mun accord confentirent tous à l'érection d'une Confrairie , fous
» les noms de Saint Julien & Saint Geneſt , & en paſſèrent Lettres
» qui furent fcellées au Châtelet le 23 Novembre dudit an.

Ces Jongleurs Méneſtriers compofoient une cohue nombreufe
qu'on nommoit la Méneſtrandie. Leur emploi étoit de faire des
tours de gibeciere , de faire fauter des finges , & d'exercer dans
les cercles ou devant la populace , les autres fonctions de Bate-
leurs au fon des vielles dont ils fe faifoient accompagner. Ces occupations déterminérent l'ignorante & pieufe fimplicité des Confreres à choifir Saint Geneſt pour leur Patron. Ils crurent entrevoir
une conformité avec ce Saint , qui de bateleur payen fe fit Chrétien
en un inſtant , & fut martyrifé à Rome en plein théatre en l'année
303. en préfence de l'Empereur Dioclétien.

» On apprend dans les mêmes fources qu'en 1330. les Jongleurs
» Méneſtriers firent un fceau de letton rond pour fceller les quittan-
» ces de ceux qui feroient des legs ou aumônes à leur Hôpital , au
» milieu duquel étoit la figure de Notre-Seigneur dans une nef,
» en guife de Ladre , Saint Julien à l'un des bouts tenant deux
» avirons , & à l'autre bout, fa femme tenant un aviron d'une main,
» de l'autre une lanterne. Au-deſſus de l'épaule dextre de Notre-
» Seigneur il y avoit une fleur de lys. Près Saint Julien étoit Saint
» Geneſt tout droit tenant une vielle dont il paroiſſoit jouer entre
» deux hommes à genoux , & l'on lifoit autour : *C'eſt le fceau de*
» *Saint Julien & de Saint Geneſt , lequel a été vérifié au Châtelet & à*

» *la Cour de l'Official.* » Cette antiquité prouve que la vielle étoit pour lors l'inftrument favori de la Confrairie. Le Rebec fuccéda à la vielle, & comme les ufages fe perfectionnent fouvent avec le tems l'invention du violon abolit le rebec ; alors on anéantit l'ancien fceau de la Confrairie, & l'on accommoda faint Geneft à l'Etat actuel. On le mit au portail de Saint Julien des Ménétriers tenant un violon, comme on l'y voit encore aujourd'hui, mais on lui conferva la robe de Vielleux, comme un indice de l'Etat primitif des Confreres.

Les Jongleurs & Appointeurs de Vielle ayant fait divorce avec les finges après l'érection de leur Confrairie, firent des Réglemens en 1397. fous le titre de Meneftrels. En 1407. ils firent de nouveaux Réglemens, & comme il y avoit des deffus & des baffes de Rebec, ils s'intitulérent *Meneftrels Joueurs d'Inftrumens tant hauts que bas.* Ils demanderent en cette qualité la confirmation de leurs Statuts au Roi Charles VI. qui les approuva fuivant les Lettres, portant :

Charles par la grace de Dieu Roi de France, fçavoir faifons à tous préfens & avenir. Nous avons reçu l'humble fupplication du Roi des Meneftrels & des autres Meneftrels, Joueurs des Inftrumens tant hauts comme bas, contenant comme dès l'an 1397. pour leur fcience de Meneftrandife faire & entretenir felon certaines Ordonnances, par eux autrefois faites, & que tous Meneftrels tant Joueurs de hauts Inftrumens comme bas, feront tenus d'aller par devant ledit Roi des Meneftrels, pour faire ferment d'accomplir toutes les chofes cy après déclarées. Enfuite font les Ordonnances qui ne parlent que des nôces & des Meneftrels. *Donné à Paris le* 24 *Avril* 1407.

Il y eut dans les fiécles fuivans une variation perpétuelle dans les titres & qualités que les Meneftriers s'arrogérent, fans tirer à conféquence. En 1658. Dumanoir Premier parvint à la Couronne Méneftriere & voulant comprendre dans fes vaffaux les Maîtres à Danfer, dont la rétribution devoit augmenter fes revenus, il inféra dans fa fupplique le titre énigmatique de violons Maître à Danfer & Joueurs d'Inftrumens tant hauts que bas. Le Roi lui accorda des Lettres qui devinrent entre fes mains une fource inépuifable de procès. Les mouvemens d'orgueil & d'intérêt rallumerent une guerre qui devint très-animée.

L'ufage établi alors depuis long-tems, étoit que les Maîtres à Danfer tenoient des Sales où ils donnoient des Leçons publiques de danfe. Pour afficher publiquement la liaifon néceffaire qu'il y avoit entre la danfe & le violon, un de ces Inftrumens leur fervoit d'enfeigne, & l'on écrivoit ces mots au-deffous, *Ceans on montre à danfer.*

Louis XIV. ayant érigé une Académie de danfe compofée de treize perfonnes. Ceux qui y furent admis voulurent changer leur nom de *Maîtres à Danfer* en celui d'*Académiciens* qui leur parut plus noble. Fiers de cette diftinction, ils voulurent que la danfe formât un Corps féparé & abfolument indépendant du violon.

Les Académiciens firent des Statuts particuliers. Le violon foutint fermement fes prérogatives. Le Procès s'engagea & l'on écrivit avec acharnement de part & d'autre.

C'eft dans les Ecrits refpectifs que les Parties publierent alors & dans les aveus qu'ils firent réciproquement, qu'on puife les preuves de la liberté des Compofiteurs d'harmonie. Chacun rendoit homma-ge à l'indépendance de leur Art, & les deux Partis qui vouloient s'af-fervir l'un l'autre, les regardoient comme une conquête à laquelle ils n'auroient pû afpirer fans témérité. Les Académiciens difoient d'un côté, *que le Roi avoit trouvé jufte de faire une Académie de Danfe où il n'entreroit aucune chofe de Mufique ni des Inftrumeus, &c.*

Dumanoir Roi des Meneftriers répondoit, *que la Maîtrife qu'on rece-voit étoit beaucoup plus pour la maniere de danfer que pour le violon, qu'on ne voyoit point dans la Police du Royaume qu'il y eut aucun établiffement de Maîtrife de Mufique; ni de quelque inftrument que ce fut,* EXCEPTE' DU VIOLON UNI A LA DANSE, *par la raifon qu'on avoit jugé à propos de laiffer la liberté toute entiere à l'égard de l'art mufical & de ce qui en dépend immédiatement; de forte qu'il étoit vrai de dire qu'il n'y au-roit pas même de Maîtrife de Violon fans l'attache & l'enchaînement de la danfe avec cet inftrument.* Telles font les paroles d'un fameux Roi des Meneftriers en 1664.

Il ajoutoit *que par le titre de Roi des Meneftriers, on avoit de tout tems entendu & dû entendre le titre de Roi des Maîtres à Danfer, c'eft-à-dire en bon François que l'un & l'autre titre ne font que la même chofe, & que l'un s'entendoit par l'autre, &c.* Ainfi Dumanoir moins entreprenant encore que le fieur Guignon n'afpiroit qu'à s'affujettir le fimple violon par fa relation néceffaire avec la danfe, & content de cette confufion, il re-connoiffoit alors lui-même la liberté & la franchife de tous les autres Inftrumens.

Après un long combat foutenu par des injures multipliées, il inter-vint un Jugement par lequel à l'exception des treize de l'Académie, tous les Joueurs de violon & les Maîtres à danfer firent communauté enfemble. Tel étoit exactement l'état des chofes fous Louis XIII. & fous Louis XIV. ainfi que fous le Regne de leurs prédéceffeurs. Les autres Muficiens n'étoient foumis à aucun droit de vifite ni de Con-frairie. On fçavoit que primordialement ils n'avoient aucune part à la fondation de l'Eglife de Saint Julien; les Meneftriers feuls s'en attri-buoient l'honneur & le profit: en conféquence ils élifoient les Chape-lains & contractoient en leur nom fingulier. C'eft ce qui réfulte clai-rement d'un titre public infcrit fur un marbre noir pofé dans l'Eglife de Saint Julien au-deffus du banc des Anciens. On y lit;

» En l'honneur de Dieu, de Saint Julien & de Saint Geneft, ce
» préfent marbre a été pofé pour éternelle mémoire & reconnoiffance
» de la fondation de la Chappelle Saint Julien des Méneftriers, rue
» Saint Martin, faite par *les Maîtres Joueurs d'Inftrumens, de violons &*

» *Maîtres à danſer* en l'année 1331. le vingt-troiſiéme jour de No-
» vembre, ainſi qu'il a été reconnu par la tranſaction faite & pâſſée
» par-devant Charles & l'Evêque Notaires au Châtelet de Paris le 25
» Avril 1665. entre les *Maîtres Joueurs de violon ordinaires de la Cham-*
» *bre du Roi & les autres Maîtres Joueurs de violon & à danſer dans cette*
» *ville de Paris :* Maître Jacques Favier Chapelain dudit Saint Julien ,
» & pourvû d'icelle ſur la nomination & préſentation deſdits *Maîtres*
» *Joueurs de violon d'une part* , & les Révérends Peres de la Doctrine
» Chrétienne de la Prévôté de Paris , &c. Plus bas, ſuit :

» Que les Peres reconnoiſſent que de toute ancienneté & à perpé-
» tuité , *leſdits Maîtres Joueurs de violon & à danſer* ſont les fondateurs
» Patrons , Laïques , Préſentateurs, Gouverneurs & Adminiſtrateurs
» de l'Egliſe , &c.

Cette inſcription juſtifie que dès lors les Joueurs de violon & Maîtres
à danſer étoient réunis nommément & privativement dans une Communauté qui leur étoit propre , & à laquelle nul autre Muſicien &
Joueurs d'Inſtrumens n'avoit envie ni droit de prétendre.

L'hiſtoire des guerres & des révolutions de la Monarchie danſante
exigeroit pluſieurs volumes particuliers ; mais en attendant que quelque plume ſçavante s'excerce ſur une auſſi importante matiere , on ſe
contentera de rapporter ſimplement ce qui concerne les Organiſtes &
Compoſiteurs de Muſique faiſans Profeſſion d'enſeigner à toucher le
Clavecin & les Inſtrumens d'harmonie.

En 1658. les violons & Maîtres à danſer obtinrent des Lettres
confirmatives des Statuts qu'ils avoient déliberées entre eux. Il eſt conſ-
tant qu'aucun Muſicien ne fut appellé à la rédaction , pour propoſer
ſes difficultés touchant les particularités des Inſtrumens d'harmonie ?
s'ils euſſent fait partie de la Communauté , on les auroit invité , &
l'on auroit fait quelques articles particuliers pour leur ſervir de réglement , mais on n'aſpira point à les comprendre dans la Hiérarchie.

Les Lettres Patentes donnoient aux impétrans le titre de Maîtres à
danſer & Joueurs d'Inſtrumens tant hauts que bas. Cette qualification
étoit fondée ſur ce que les Maîtres à danſer ſont dans l'obligation in-
diſpenſable de ſe ſervir pour provoquer la danſe , d'inſtrumens dont
les parties ſont hautes & baſſes , tels que violons , baſſes ou hautbois.
D'ailleurs on avoit toujours diſtingué *violons hauts & bas* , ainſi ils crurent pouvoir s'arroger le titre de Joueurs d'Inſtrumens tant hauts que
bas , qui avoit été précédé juſqu'alors de celui de Meneſtrel, qu'on
jugea à propos de retrancher.

Tout annonçoit que les Statuts ne concernoient que les violons &
Maîtres de danſe. On ne fixoit que quatre ans pour l'apprentiſſage ;
or ce délai eut été trop court pour les Compoſiteurs & pour ceux qui
touchent des Inſtrumens qui renferment toutes les parties de l'harmonie , puiſque la ſcience de la compoſition eſt ſans bornes.

En ſecond lieu les apprentifs devoient être préſentés & jugé par le

Roi des Meneſtriers. Sa capacité bornée à la connoiſſance de ſon Inſtrument , ne devoit pas avoir d'autre objet.

3°. Enfin il étoit défendu aux Maîtres de montrer le jeu des Inſtrumens à autres qu'à ceux qui ſeroient obligés & actuellement demeu-
rans chez eux en qualité d'apprentifs, à peine de 50 liv. d'amende.
Il eſt viſible que ce Réglement ne pouvoit convenir aux Muſiciens qui
ne pratiquent les Inſtrumens d'harmonie que pour enſeigner la Muſique inſtrumentale à tous ceux qui veulent s'y adonner pour leur ſatisfaction ; il n'eut pas été raiſonnable de leur défendre d'avoir d'autres
écoliers qu'un ſeul apprentif.

Les autres articles n'étoient pas plus relatifs aux Muſiciens ; auſſi
lors de la préſentation des Lettres à l'enregiſtrement, la Cour ordon-
na par Arrêt du 26 Juin 1659. que *douze anciens Maîtres violons de
cette Ville autres que ceux de la grande bande , & ſix Maîtres violons de ladite grande bande , ſeroient ouïs pardevant le Conſeiller-Rapporteur pour
donner leur avis ſur le contenu aux Statuts , & être enſuite ordonné ce que
de raiſon.* La Cour décida dès lors que les Réglemens préſentés ne concernoient que les Violons de toutes les bandes ; & ſi on eût préſumé
que d'autres Muſiciens fuſſent compris dans la Communauté , on en
auroit auſſi appellé quelques-uns pour entendre leur avis & faire droit
ſur leurs difficultés.

Les Violons & Maîtres de Danſe, bien convaincus de l'indépendance des autres Muſiciens ne les convoquerent à leurs aſſemblées, ni
ne les inquiéterent. Ils firent ſeulement la guerre aux Haut bois. parce que ces Inſtrumens commode pour la danſe pouvoient anticiper ſur
la fonction des Violons. Les Haut-bois oppoſerent à leurs attaques une
généreuſe défenſe , & le nommé Ribauville, ſur qui on avoit ſaiſi
deux haut-bois , en obtint mainlevée par Sentence de Police du 29
Avril 1689. Les Haut-bois du Roi avoient pris ſon fait & cauſe, &
la Sentence porte expreſſément qu'on leur permet de jouer *comme bon
leur ſemblera.*

Mais en 1691. le Roi créa quatre Offices de Jurés héréditaires de la
Communauté des Maîtres à danſer & les Joueurs d'Inſtrumens , tant
haut que bas Il y comprit auſſi nommément les Haut-bois, dont le
crédit naiſſant , faiſoit ombrage aux Maîtres de danſe.

Ces quatre Offices furent levés aux Parties Caſuelles par quatre Maîtres de danſe moyennant 18000. liv. & les proviſions leur en furent
délivrées au mois de Mai & Juin 1691.

Ils financérent encore dans la ſuite douze autres mille livres, & le
Roi par ſa Déclaration du 11 Novembre 1692. fit ſimplement défenſes
à toutes perſonnes *de montrer à danſer dans la Ville & Fauxbourgs de
Paris* , ſans avoir été reçu maître de la Communauté , à l'exception
de treize perſonnes qui compoſoient l'Académie Royale de danſe établie par Lettres Patentes du mois de Mars 1661. Mais les Jurés pour
s'indemniſer de la dépenſe qu'ils avoient faite , voulureut mettre tou-

te l'harmonie de la Ville & des Provinces à contribution.

Le Roi n'avoit fait que maintenir Dumanoir, Roi & Maître des Meneſtriers, & les Jurés de la Communauté des Maîtres à danſer, *Joueurs d'Inſtrumens tant haut que bas & haut-bois* dans l'excercice de leurs fonctions. Les Inſtrumens dont il s'agiſſoit ne pouvoient s'entendre que des violons & des baſſes, ſeuls eſſentiels à la danſe. On y ajoutoit ſeulement les hauts-bois, & par la qualification de *Maîtres à danſer Joueurs d'Inſtrumens*, on expliquoit aſſez qu'il n'étoit queſtion que des Inſtrumens dont les Maîtres à danſer ſont dans l'uſage de ſe ſervir indiſpenſablement. Le mot même de *haut-bois*, nommément exprimé, prouve que c'étoit le ſeul inſtrument qu'on voulut renfermer dans la cathégorie danſante, & qu'on n'innovoit rien par rapport à tous les autres qui n'étoient point ſpécifiés.

Cependant les Jurés voulurent exciper de cette Déclaration pour exercer des concuſſions & étendre le nombre de leurs contribuables. La guerre devint générale, & l'on prétendit aſſujettir à la Communauté des Maîtres à danſer, les Compoſiteurs de Muſique & les Muſiciens ſe ſervans de Clavecin, Luths & autres inſtrumens d'harmonie. L'affaire engagée au Châtelet fut portée par appel au Parlement. Les Organiſtes y ſoutinrent avec fermeté l'excellence & la liberté de leur Art. Enfin, après une longue conteſtation, la queſtion qu'on renouvelle aujourd'hui fut ſolemnellement décidée ſur les concluſions du Procureur Général, & par Arrêt du 7 May 1695. » ſans avoir égard à » l'intervention du Roi des Meneſtriers*ni à la Requête des Jurés, ten- » dante à ce que défenſes fuſſent faites à tous particuliers d'enſeigner » à jouer du Clavecin, ſans auparavant ſe faire paſſer Maîtres de la » Communauté des Maîtres à danſer & Joueurs d'Inſtrumens tant » haut que bas & haut-bois ; mais ayant égard à la Requête des Com- » poſiteurs de Muſique, faiſant profeſſion d'enſeigner le Clavecin, » on déboute les Jurés de leur demande. On ordonne que leurs qua- » lités ſeront réformées, & que celles des Maîtres à danſer & Joueurs » d'Inſtrumens tant que bas & haut-bois, portés par la Déclaration » du Roi du 2 Novembre 1692. y ſeront employées avec dépens ; » ainſi la queſtion qu'on agite a été déja diſertement & contradictoi- » rement décidée, enſorte qu'on ne pourroit prononcer autrement » aujourd'hui, ſans tomber dans la contrariété, *un titre auſſi victo*rieux ſembloit devoir impoſer un ſilence éternel aux Suppôts de la Confrairie de Saint Julien ; cependant leur ambition ſe renouvella & leur troupe légere fit encore de nouvelles tentatives contre la liberté des Harmoniſtes.

Le 15 Avril 1707. les Maîtres de danſe offrirent de réunir à leur Communauté les quatre Offices de Jurés & Tréſoriers de leurts deniers communs. Ils ſe ſoumirent à payer 20000 liv. de nouvelle finance & les deux ſols pour livre ; ſous ce prétexte ils ſurprirent des Lettres Patentes qui les maintinrent dans le droit de montrer à danſer, &

* Après dix années d'abdication, on lui fit quitter la vie privée & ſa retraite, pour ſe mettre à la tête de ſes troupes ; mais ſa préſence ne ſervit qu'à illuſtrer le triomphe de ſes ennemis, & il ne parut plus depuis ſa défaite.

fubrepticement ils y firent adjouter le privilege excluſif d'enſeigner à jouer de tous les Inſtrumens de Muſique & tablature de quelque eſpece que ce pût être ſans aucune exception, & notamment dans le droit d'enſeigner à jouer du Clavecin, du deſſus & de la baſſe de viole, du théorbe, du luth, de la guitarre, de la flutte allemande & traverſiere, &c. Les Organiſtes s'oppoſerent à l'enregiſtrement de ces Lettres, ils prouverent qu'elles étoient obreptices, & les Impétrans furent obligés de les rapporter honteuſement. Elles furent biffées, lacerées, & le ſceau en fut arraché. Les Harmoniſtes à qui elles furent remiſes, les conſervent encore, comme un monument de leur triomphe, & de la dépouille de leurs ennemis.

Le 18 Mai ſuivant, on expédia de nouvelles Lettres Patentes en faveur des Maîtres à danſer. On y retrancha tous les Inſtrumens autres que ceux ſervans ordinairement à la danſe, & l'on y rappella la Déclaration du Roi de 1692. & l'Arrêt de 1695. mais les Maîtres à danſer trouvant ces titres plus favorables à la liberté des Organiſtes dont les droits étoient ſpecialement conſervés, qu'à leur propre vanité & à leurs prétentions, négligerent de les faire enregiſtrer.

Les Organiſtes Compoſiteurs de Muſique crurent devoir faire un dernier effort pour anéantir totalement un hydre qui ſe reproduiſoit ſans ceſſe. Ils repréſenterent au Roi que les Maîtres à danſer avoient négligé de pourſuivre l'enregiſtrement des Lettres en forme de Déclaration par eux obtenues le 18 Mai précédent, & qu'ayant lieu de craindre un nouveau trouble de leur part, ils avoient un intérêt ſenſible à l'exécution d'un titre qui les maintenoit dans l'excercice de leurs droits, ſans que les Maîtres à danſer, puſſent y donner atteinte. Pour cet effet, ils demandoient les Lettres néceſſaires. A CES CAUSES, le Roi voulant maintenir les Organiſtes de ſa Chapelle & autres faiſans Profeſſion d'enſeigner la Compoſition & à toucher les Inſtrumens d'harmonie, dans le libre excercice de leur Profeſſion, ordonne conformément à la Déclaration du 2 Novembre 1692. & à l'Arrêt du 7 Mai 1695. que les Maîtres à danſer ne pourront prendre d'autres qualités que celle de *Maîtres à danſer, Joueurs d'Inſtrumens tant haut que bas & Hautbois, & en conſéquence leur fait défenſes de troubler les Harmoniſtes dans l'exercice de leur Profeſſion, voulant que les Maîtres à danſer ſe renferment exactement dans les bornes qui leur ont été preſcrites* par les titres rapportés.

Ces Lettres furent enregiſtrées au Parlement le 4 Juillet 1707. & ſignifiées à la Communauté des Maîtres à danſer le 4 Novembre 1710.

Des titres auſſi reſpectables & auſſi poſitifs ſembloient ne plus laiſſer de reſſource à la jalouſie des danſeurs. Le calme a duré plus de quarante ans, pendant leſquels les Organiſtes ont joui ſans inquiétude de la liberté d'un état devenu plus aſſuré par les défaites réitérées de leurs adverſaires, mais l'avenement du ſieur Guignon à la Couronne Méneſtriere a fait revivre des projets avortés & perdus de vue. L'ambition & l'intérêt ont raminé le défir d'initier encore les Organiftes Compofiteurs de Mufique faifans Profeffion d'enfeigner à toucher le Clavecin & les Inftrumens d'harmonie dans la Confrairie des Maîtres à danfer.

Les Compofiteurs d'harmonie qui n'ont ni Confrairie ni Communauté, ni depôt public, & qui ne font unis entr'eux que par les liens de l'amitié perfonnelle & l'amour de leur Art, n'avoient aucune des pieces qui avoient fervi de boucliers à leurs prédéceffeurs. L'avantage d'une Profeffion qu'ils exercent avec honneur a animé leurs recherches, & ils ont raffemblé une foule de titres victorieux pour affurer le fuccès de l'oppofition qu'ils ont formée à une entreprife tant de fois condamnée.

Les moyens de leurs oppofitions s'établiffent invinciblement fur les monumens précieux dont ils font redevables à la bonté & à la protection des Rois dont ils ont l'honneur d'être Sujets. Ils prouvent qu'ils ont l'avantage de ne reconnoître qu'un Souverain dans le monde, & relativement au fieur Guignon, ils fe croyent très-Républicains, par la vertu des titres d'affranchiffement qu'ils tiennent de l'autorité à laquelle ils font foumis.

C'eft dans cet efprit, & fans manquer aux égards dû à la perfonne du fieur Guignon, que les Organiftes vont propofer fommairement les réformations néceffaires aufquelles ils ont conclu, à l'occafion des nouveaux Statuts préfentés par le Roi & Maître des Meneftriers, & les Jurés des Maîtres à danfer.

Le premier objet de réformation eft l'intitulé des Statuts conçu en ces termes : *Statuts & Réglemens approuvés & confirmés par Sa Majefté pour la Communauté des Maîtres d'Inftrumens & de danfe à Paris & par toutes les Villes du Royaume.* Jufqu'apréfent on n'avoit point dit les Maîtres à danfer & les Joueurs de violons, comme s'il eut été queftion de marquer deux Profeffions diftinctes & féparées ; on difoit fimplement *Maîtres à danfer Joueurs d'Inftrumens haut & bas* pour faire connoître que ce n'étoit qu'une meme profeffion à laquelle l'ufage du violon quoique néceffaire, n'étoit qu'accidentel. En effet, la danfe fans le fecours d'un Inftrument, feroit plus ridicule qu'agréable. Les qualités anciennes font métamorphofées par le fieur Guignon. C'eft une innovation qu'il lui plaît de faire, en difant *les Maîtres d'Inftrumens & de danfe à Paris & par toutes les Villes du Royaume.* Le titre de *Maître à danfer, Joueurs d'Inftrumens tant haut que bas*, a été confacrée par les Déclarations, les Lettres Patentes & par l'Arrêt de 1695, qui a déja ordonné la réformation des qualités, il faut donc rétablir & conferver cette ancienne dénomination, qui fans être pompeufe n'a rien de choquant.

Après le titre, il faut examiner la fubftance du Réglement. L'article premier comprend *les Maîtres tant pour la danfe, que pour tous les jeux d'Inftrumens, violons, baffes de violon, hautbois, flutte, mufettes, baffons,*

violes , baffes de violes ; orgues , Clavecin , & généralement de tous les Inf-
trumens de Mufique tant haut que bas de quelque nature qu'ils puiffent être

C'eft une nouveauté & une entreprife impardonnable que de fpéci-
fier tous les Inftrumens les uns après les autres & de fe ménager un titre pour affervir la liberté des Harmoniftes, que des loix formelles ont
affranchi d'un pareil affujettiffement. On ajoute après ces termes *feront*
& continueront d'être réunis à la Communauté de Saint Julien des Menef-
triers & ne feront tous enfemble qu'un même Corps.

On veut faire confiderer les Maîtres d'harmonie comme ayant fait
partie cy-devant de la Confrairie de Saint Julien , mais ce fait eft fup-
pofé ; ils n'y ont jamais été admis, & n'y ont point afpiré. Ils n'ont
jamais payé aucun droit, & tous les titres rendus en leur faveur , en
confirmant la plénitude de leur liberté, juftifient qu'ils n'ont jamais
été membres d'aucune Communauté. Une pareille tentative a été déja
profcrite en 1707. lors de la furprife des Lettres Patentes qui furent
fupprimées. Les Titres qu'on a rapportés bornent la Communauté
aux feuls *Maîtres à danfer Joueurs d'Inftrumens* : vouloir les confondre
avec *tous les Inftrumens de quelque nature qu'ils puiffent être* , ce feroit rendre le Corps trop nombreux, trop confidérable , & le Chef n'y feroit plus proportionné,

Cet article d'ailleurs, feroit fujet à des inconvéniens. La cupidité
eft exigeante, furtout dans des Pays éloignés. Les termes génériques
aufquels on donne une fi vafte étendue, pourroient donner lieu à
ceux qui feroient prépofés à la perception des impôts d'abufer du crédit de leurs places, & de perfécuter tous ceux qui toucheroient un
Inftrument à vent , à corde ou de percuffion. Les trompettes , les cor-
de-chaffe n'en feroient point affranchis, & la recherche s'étendroit
peut-être jufqu'aux harpes , tambourins, cornemufes, timpanons ,
foufleurs , vielles , guimbardes, & orgues de Barbarie, que les Fo-
rains promenent. Il y auroit des traitans , des commis , des abus ,
des exactions , & le Royaume Meneftrier, dont les fujets ne font pas
riches, fe trouveroit, contre l'intention marquée du Roi, expofée
à la tyrannie; or la prévention de ce défordre intéreffe la liberté &
la police publique , ainfi cet article doit être réformé conformément
aux anciens Titres.

L'article 3. ne doit pas être traité plus favorablement. Il commence
par ces mots : *Le nombre des Maîtres de ladite Communauté tant pour la*
danfe que pour tous les jeux d'Inftrumens &c. On fait encore ici une confufion à laquelle il eft important de remedier en difant fimplement ,
Les Maîtres à danfer, Joueurs d'Inftrumens , tant hauts que bas &c. conformément aux Arrêts & Lettres Patentes qui doivent ici fervir de
bouffole.

L'article 8. eft encore fufceptible de réformation. Voici comme il
s'explique: *Aucune Perfonne Regnicole ou Etrangere ne pourra tenir Ecole ,*
montrer en particulier la danfe ni les Jeux d'Inftrumens, tant hauts que bas ,

C

*de quelque nature que ce soit, s'attrouper ni jour ni nuit, donner des Séré-
nades dans aucune espece d'Assemblée publique ni particuliere, ni par tout
ailleurs, ni généralement faire aucune chose, concernant la profession des-
dites Sciences, en requerant salaires.*

On sent aisément que cet article ne peut intéresser les Organistes
qu'en ce qu'il est défendu généralement à toutes personnes de montrer à jouer des Instrumens *de quelque nature que ce soit.* On ne risque
pas de les voir s'attrouper avec des orgues & des clavecins, &c. pour
donner des Sérénades publiques ou particulieres, ainsi cette partie
du Regiement leur est indifférente, mais il est très important pour
eux d'etre maintenus dans la possession invariable où ils ont été jusqu'à présent sous l'autorité des Loix, de donner des leçons utiles à la
Noblesse la plus distinguée du Royaume. Ce seroit avilir un Art si in-
téressant que de le soumettre à la domination de quelques Jurés qui
n'en connoîtroient ni le mérite ni l'étendue. Les Harmonistes ont
employé leur vie à se perfectionner dans la Science qu'ils professent.
Ils réunissent les titres & la possession immémoriale, on doit donc les
confirmer dans des fonctions qu'ils ont cherché à remplir noblement.
L'orgue est un instrument majestueux qui renferme toutes les parties
de l'harmonie, & autant d'instrumens différens qu'il y a de jeux qui
le composent ; l'harmoniste qui en fait mouvoir les ressorts s'y présente sans préparation, & livré au feu de son génie, il compose &
execute dans l'instant des morceaux à quatre ou cinq parties, qui
font l'éloge de son esprit, de sa science & de ses talens : or soumet-
tra-t'on ce Maître de l'Art à l'humble Examen d'un Maître à danser,
ou d'un Lieutenant de Province dont le talent méchanique & borné,
ne s'est jamais exercé que sur le manche d'un instrument dont il sçait
à peine tirer quelques menuets ou contredanses destinées à exciter la
joye dans les guinguettes. Ce seroit détruire toute subordination. Le
travail d'un violon, d'un Maître à danser est purement des mains &
des jambes. La science d'un Organiste est essentiellement une opération
de la tête.

Les Harmonistes proposent donc que l'article soit exprimé dans les
mêmes termes que ce qui est porté dans l'article 6. des anciens Statuts faits en 1658. pour *les Maîtres à danser, Joueurs d'Instrumens* tant
haut que bas.

Il y est dit qu'*aucune Personne Regnicole ou Etrangere ne pourra tenir
Ecole, montrer en particulier la Danse ni les Jeux d'Instrumens hauts &
bas, s'attrouper jour ni nuit, &c.* Par ce changement on conserve aux
Maîtres à danser leurs droits & anciennes qualités, & l'on prévient
les entreprises qu'ils voudroient faire contre la teneur des Arrêts &
des Lettres Patentes.

Par la même raison on pourroit encore déterminer par quelques
mots positifs que la prohibition contenue en l'article tombe sur les
Instrumens hauts & bas & Hautbois, mais nullement sur les Instru-

mens d'harmonie. La même obſervation doit encore porter ſur une équivoque que peut faire naître le mot de *Joueurs d'Inſtrumens*, inſeré dans l'article 9. ſans déſignation plus particuliere.

Ces réformations légeres en apparence ne laiſſent pas d'être importantes pour les Organiſtes. Ils n'ont point de dépôt commun pour la conſervation de leurs Titres. L'autorité des monumens les plus précis n'a point empêché les Maîtres à danſer de renouveller des prétentions auſſi ſouvent confondues que formées. Ils ſe flattoient ſans doute que le laps de tems auroit fait évanouir des Piéces de la conſervation deſquelles perſonne en particulier n'étoit chargé. Le même inconvénient peut ſe renouveller avec des adverſaires qui reviennent ſans ceſſe à la charge, ſans que rien leur en impoſe ; il eſt donc eſſentiel aux Harmoniſtes que les Statuts faits pour la Danſe, ſoient clairs, ſans ambiguité, & qu'ils ne puiſſent fournir le plus léger prétexte de réveiller dans la ſuite les mémes conteſtations. Il eſt néceſſaire que leurs propres Statuts portent avec eux la preuve de la liberté des Maîtres d'Harmonie, & qu'ils adminiſtrent un titre qui reclame perpétuellement contre la mauvaiſe volonté dont leurs ſucceſſeurs pourroient être animés à leur exemple. C'eſt par une ſuite de ces obſervations judicieuſes que les Organiſtes ont demandé que l'Arrêt de la Cour du 7. May 1695. les Lettres Patentes de 1707. dûement enregiſtrées, & l'Arrêt qui interviendra ſoient inſcrits ſur le Regiſtre des Délibérations de la Communauté des Maîtres à danſer.

L'article 23. offre encore une matiere à procès. Il porte les mots *d'aſpirans à la Maîtriſe dans les Arts des Jeux d'Inſtrumens & de danſe.* Ces mots trop vagues doivent être circonſcripts & bornés ſimplement à la Danſe & Jeux d'Inſtrumens hauts & bas, & Hautbois.

L'article 28. doit être entiérement ſupprimé. Il s'explique en ces termes : *Et d'autant que la plus grande partie des Maîtres à Chanter, ſous prétexte de ne montrer à leurs Ecoliers que la Muſique vocale, leurs enſeignent néanmoins à jouer du violon, de la baſſe de viole ou d'autres Inſtrumens, ce qui cauſe &c.* Les Jurés en charge ſont autoriſés par le préſent article à pourſuivre en contravention tout Maître de Muſique vocale qui enſeigneroit l'Art des Inſtrumens & de la Danſe, & le faire condamner en l'amende de 300 livres, conformément à l'article 8. des préſens Statuts.

Le but de cet article eſt, comme l'on voit, d'empécher qui que ce ſoit de montrer à jouer des Inſtrumens aux Particuliers, mais comme c'eſt une nouveauté abuſive que l'on veut introduire, les Maîtres de danſe n'ont ici aucun droit, aucun intérêt ; toute leur fonction ſe borne à empécher de montrer la danſe ; or les Organiſtes n'aſpirent point à cet emploi : De plus cet article eſt diamétralement oppoſé à l'article 4. de leurs anciens Statuts, qui ne leur permet de montrer à toucher des Inſtrumens hauts & bas qu'à leurs Apprentifs ; par conſéquent la Profeſſion de montrer à jouer des Inſtrumens en général, n'a jamais été, & ne peut étre de leur reſſort.

Enfin les Maîtres à danſer doivent être par tout refferrés dans les bornes de la Danſe & des Inſtrumens hauts & bas qui l'accompagnent ordinairement, ſuivant la Déclaration du Roi du 2 Novembre 1692.

Il n'eſt pas moins néceſſaire de réformer les qualités priſes par le Roi des Violons & la Communauté des Maîtres à danſer dans les Lettres Patentes qu'ils ont obtenues ſur leurs Statuts. On y doit rétablir ſuivant l'uſage pratiqué juſqu'à préſent, la qualité de *Roi & Maître des Méneſtriers, Joueurs d'Inſtrumens tant hauts que bas, & Hautbois, & les Jurés en charge de la Communauté des Maîtres à danſer, Joueurs d'Inſtrumens tant hauts que bas, & Hautbois.*

La même réformation doit auſſi avoir lieu dans l'expoſé des Lettres, afin que l'eſprit des Arrêts & Réglemens ſoit parfaitement rempli, & que l'ordre ſoit obſervé dans toute ſa pureté.

Le ſieur Guignon & ſes adhérans s'étoient flatté à l'aide des nouvelles qualités qu'ils s'arrogeoient, de ſurprendre des titres qui puſſent autoriſer leurs chimeres; mais leurs déguiſemens n'ont point échappé aux lumieres du Secrétaire d'Etat à qui les Lettres ont été préſentées pour la ſignature; & par une prudente précaution l'on y a mis ſimplement *pour confirmation des Statuts aux Maîtres de danſe & Joueurs de Violon de la Ville de Paris;* enſorte que le Roi a réduit lui-même l'effet de ces Lettres aux ſeuls *Maîtres à danſer, Joueurs de Violon,* ſans qu'aucun autre y puiſſe y être compris.

Mais indépendamment de la foule de titres qui doivent aſſurer irrévocablement l'état & le repos des Organiſtes, ils ſont à portée de confondre la prétention abſurde du ſieur Guignon, par une multitude de réflexions puiſées dans la droite raiſon & dans l'équité.

Par le terme de Compoſiteurs de Muſique on entend les Maîtres de Chapelle & les Organiſtes qui ſe ſervent d'inſtrumens d'harmonie pour l'exprimer, & les véritables inſtrumens d'harmonie ſont ceux qui comprennent toutes les parties enſemble. La Muſique eſt une convenance de ſons, & une ſcience qui fait partie des Mathématiques. Son exercice eſt une production d'eſprit, & l'inſtrument d'harmonie eſt l'organe artificiel qui l'exprime; le toucher n'eſt point une profeſſion méchanique qui doive aſſujettir les Organiſtes à être d'aucun métier.

La Muſique a été libre dans tous les tems; elle eſt même honorable, & les plus grands Princes en y trouvant leurs plaiſirs n'ont point dédaigné de s'y aſſocier eux-mêmes.

La Communauté avec laquelle on veut identifier les Organiſtes ne jouit pas des mêmes avantages. Les Maîtres de danſe ſont réduits à un pur exercice du corps; & comme Méneſtriers ils ſont ſouvent obligés à des conditions ſerviles. L'article dix de leurs anciens Statuts les force ſous peine d'amende, de ſervir indiſpenſablement tout le tems qu'ils ſe ſont loués aux nôces, feſtins, bals publics, ſpectacles & autres lieux: or l'aſſociation à de pareilles fonctions n'eſt nullement défirable pour ceux qui profeffent un Art dont la diftinction eft tout-à-fait fenfible.

Au refte n'eft-ce pas un fyftême ridicule que de vouloir aftraindre les Organiftes à fe faire recevoir Maîtres à danfer. C'eft vouloir contre tous leurs priviléges, les faire contribuer pour acquerir un titre défagréable, dont on eft fûr qu'ils ne feront jamais ufage. Premiérement leur inftrument n'eft pas portatif, & il leur deviendroit inutile dans l'exercice des fonctions aufquelles on veut les affujettir.

2°. La poffibilité ne s'y trouve pas. Parmi les profeffeurs d'inftrumens d'harmonie, il fe rencontre nombre de perfonnes engagées dans l'état Eccléfiaftique. Le fieur Dumont, Abbé Commendataire de Silly, eft décédé après plus de 40 ans d'exercice, Organifte de S. Paul; plufieurs Prêtres rempliffent encore les mêmes fonctions à Caën, au Mans & ailleurs. L'Orgue de Saint Leu eft touché par un Clerc: enfin beaucoup d'Eccléfiaftiques & de Bénéficiers ne croyent point ces occupations incompatibles avec la dignité de leur état. Eftimeront-ils une profeffion, qui les confondant avec des Danfeurs & des Méneftriers, leur imprimera le caractere de Maître à danfer. Leur gravité n'en fera-t'elle point offenfée; & fera-t-il propofable de les agréger dans un Corps où ils ne pourroient figurer fans indécence ?

3°. La bienféance & l'honnêteté publique feroient bleffés, fi l'on confondoit deux états dont les occupations font fi différentes. Les Organiftes font occupés à célébrer les Louanges du Créateur. Ils font néceffaires à l'Eglife, & concourent tant par leurs Ouvrages que par leur exécution à la célébration du Service divin; les réunira-t on dans une même Communauté avec des Maîtres à danfer, dont le talent s'exerce pour l'ordinaire dans les bals, les guinguettes, les foires, & qui fouvent fe proftituent jufqu'aux marionetes. Une pareille diffonance feroit tout-à fait révoltante. Si les Joueurs d'inftrumens de l'Opéra font affranchis d'une confraternité choquante, on doit à plus forte raifon accorder la même diftinction à des Harmoniftes dont les talens font confacrés à l'Eglife.

4°. L'affociation feroit fatale aux Organiftes & même humiliante, en ce qu'elle leur enleveroit des prérogatives précieufes. La Profeffion de l'Harmonie n'a jamais dérogé. On a vû plufieurs Gentilshommes, entr'autres les fieurs Buterne Capitoul de Touloufe, Charbonniers & de Montalant s'adonner à l'Orgue, & conferver leur place jufqu'à la mort, fans perdre par cet exercice les privileges de leur Nobleffe; or fi les Organiftes étoient admis & reçus dans la Confrairie de Saint Julien avec tous les Violons qui peuplent les Cabarets & lieux publics, l'infcription de leur nom feroit regardée comme un acte de dérogeance. Le titre de Maître à Danfer, Joueur de Violon fimpathiferoit mal avec celui d'Ecuyer, il faudroit y renoncer. Les droits de la Nobleffe font peu connus & mal confervés dans le Royaume de la Méneſtrerie, ainſi ce feroit un moyen de dégoûter nombre de gens, qui par leur application & leur capacité feroient en état d'illuſtrer leur Profeſſion, il eſt au contraire du bien public d'encourager les Sciences, & d'animer les talens.

Enfin l'aſſociation eſt téméraire, en ce que c'eſt une queſtion qu'on renouvelle au préjudice de la profcription qu'elle a déja éprouvée il y a 55 ans. En effet les mêmes points ont été difcutés & décidés par l'Arrêt de 1695. dans les mêmes circonſtances, & entre les mêmes Parties. Les Ordonnances mettent un frein à la témérité des Parties, & ne leur permettent pas de reproduire comme nouvelles, des prétentions déja formellement condamnées ; ainſi la repréſentation feule de l'Arreſt de 1695. en fourniſſant une fin de non-recevoir, fuffit fans appointement ni plus ample examen, pour faire rejetter ce projet, avec autant de mépris que d'indignation.

Après ces obfervations & beaucoup d'autres qui fe préfentent naturellement à l'efprit, le fieur Guignon fentira fans doute lui-même toute l'abfurdité du fyftême qu'on lui fait foutenir, mais la cupidité l'a aveuglé. Il a envifagé que plus il multiplieroit les Réceptions, plus il groffiroit fes revenus. Mais il faut fçavoir fe borner & ne pas vouloir facrifier à fon orgueil ou à fon avarice une multitude de perfonnes dont les talens font honneur à la France. L'Empire du fieur Guignon s'étend fur tous les Maîtres à danfer, Méneſtriers du Royaume, & par conféquent fon domaine eſt très confidérable.

La multitude de Sujets doit lui procurer des revenus au moins proportionnés à fa puiſſance ; il vend des Offices ; il leve des taxes annuelles ; il perçoit des droits fur chaque Récipiendaire ; & par ce moyen, il foutient une dignité dont le produit va beaucoup plus loin qu'on ne fe l'étoit imaginé. Ce feroit une concuſſion manifeſte que de vouloir aſſujettir au payement de fes droits, des Harmoniſtes libres qui n'ont jamais été vaſſaux de fa Royauté. Il eſt vrai qu'une pareille conquête auroit de quoi flatter fon ambition & tripleroit fes revenus, mais elle feroit injuſte ; l'autorité des Titres les plus refpectables réfiſte à cette entreprife. Les Organiſtes en demandent l'exécution, la Déclaration de 1692. l'Arrêt de 1695. & les Lettres Patentes de 1707. leur fervent de remparts, & ils s'y renferment comme dans une fortereſſe, où la puiſſance du Roi des Méneſtriers ne pourra jamais les forcer.

Me. MARCHAND, Avocat.

GARNIER, Proc.

DELAGUETTE, Proc.

EXTRAIT de l'Arrêt définitif de la Cour de Parlement prononcé en la Grand'Chambre le 7 May 1695, en faveur des Compositeurs de Musique Organistes, & Professeurs de Clavecin.

CONTRE *les Jurés de la Communauté des Maîtres à Danser & Joueurs d'Instrumens tant haut que bas, & Hautbois.*

ENTRE Méderic Corneil, Nicolas Gigault, Jean-Baptiste de la Brune, Marin de la Guerre, Jean de Merault, Antoine Houssu, & Consorts, Compositeurs de Musique, faisant profession d'enseigner à toucher le Clavecin, Appellans de Sentence rendue par le Prevôt de Paris, ou son Lieutenant Général de Police le 16 Juin 1693. par laquelle défenses sont faites à tous Particuliers d'enseigner à toucher du Clavecin sans auparavant se faire passer Maître de la Communauté des Maîtres à danser, & Joueurs d'Instrumens tant haut que bas, & Hautbois, auxquels Professeurs de Clavecin se sont joints Nicolas le Begue, Guillaume-Gabriel Nivers, Jean Buterne, François Couprerin, Compositeurs de Musique & Organistes de la Chapelle du Roy, par leur Requête d'intervention du 10 Juillet 1693. tendante à ce que sans avoir égard ausdites Sentences lesdits Jurés avec leur Roy des Violons, Maître des Méneftriers intervenans, ci-après nommés, soient déboutés de leur demande, & condamnez aux dépens lesdits Professeurs de Clavecin, avec lesdits Organistes du Roy, Défendeurs d'une part, & Thomas Duchesne, Vincent Pezans, Jean Aubert, & Charles Duchesne, Jurés de la Communauté des Maîtres à danser & Joueurs d'Instrumens tant haut que bas, & Hautbois, auquel s'est joint Guillaume Dumanoir, Roy des Violons, Maître des Méneftriers par sa Requête d'intervention du 8 Janvier 1694. Demandeurs d'autre, production des Parties & Requêtes respectives, employées pour contredits conclusions du Procureur Général du Roy, le tout joint & considéré : la Cour faisant droit sur le tout sans s'arrêter à l'intervention dudit Dumanoir dont il est débouté, ni à la Requête desdits Jurés du 27 Mars 1694. ayant égard à celle desdits sieurs Nivers, le Begue, Buterne, Couperin, de Merault & Consorts, Compositeurs de Musique, faisant profession d'enseigner à toucher le Clavecin, a mis & met les appellations & ce dont a été appellé au néant. Emandant, déboute lesdits Jurés de leur demande, ordonne que leurs qualités seront réformées, & que celles de Maîtres à danser & Joueurs d'Instrumens tant haut que bas, & Hautbois portée par

la Déclaration du Roy du 2 Novembre 1692. y feront employées.
Condamne lefdits Dumanoir & Jurés aux dépens faits chacun à leur
égard. Fait en Parlement le 3 Mai 1695. Signé, DU TILLET.

Le 30 May 1695. fignifié & baillé copie du préfent Arrêt à Me Cha-
potin, Procureur des Demandeurs, en fon domicile, parlant à fon Clerc.
Signé, MORTIER.

Lettres Patentes furprifes par les Maîtres à danfer,
le 5 Avril 1707.

LOUIS par la Grace de Dieu, Roy de France & de Navarre,
à tous ceux qui ces préfentes Lettres verront ; SALUT. Ayant
par notre Edit du mois de Mars 1691. créé & érigé en titre d'Offices
héréditaires les Maîtres & Gardes, Syndics & Jurés des Corps des
Marchands & des Communautés d'Arts & Métiers de notre Royaume, les nommés Thomas Duchefne, Jean Godefroy, Vincent Pefant &
Jean Aubert ont levés les quatre Offices de Jurés de la Communauté
des Maîtres à danfer & Joueurs d'Inftrumens, tant hauts que bas,
& Hautbois de notre bonne Ville & Fauxbourg de Paris, moyennant
18000. livres de finance qu'ils ont payée en nos Parties Cafuelles. Et
comme par ledit Edit il leur étoit attribué des droits de réception
fur les Afpirans à la Maîtrife, & de vifite annuelle fur les Maîtres. Lefdits Jurés nous ayant reprefenté qu'il y avoit une infinité de perfonnes qui exerçoient la profeffion fans être reçus, ce qui étoit non-
feulement, contraire à leurs interêts, mais encore à ceux de la Communauté nous aurions par notre Déclaration du 2 Novembre 1692.
maintenu & confirmé lefdits Jurés dans leurs fonctions, réglé le nombre de leurs Vifites & leurs droits, enfemble ceux de réception des
Afpirans à la Maîtrife, & des Brevets d'apprentiffage, & fait défenfes à tous particuliers de s'entremettre dans l'exercice & fonction des
Maîtres dudit Art, tant pour le fait de la danfe que pour les Inftrumens, foit en leurs maifons ou en celle des Bourgeois, & autres
lieux, à peine de deux cens livres d'amende contre chaque Contrevenant, à l'exception des treize perfonnes compofans l'Académie de
Danfe établie par nos Lettres Patentes du mois de Mars 1661,
aufquels Nous aurions permis d'exercer & montrer la Danfe en toute
liberté fans être fujets aux vifites defdits Jurés : & à l'égard des autres
particuliers qui avoient fait jufqu'alors l'exercice & fonction des
Maîtres à danfer, & de Joueurs d'Inftrumens, Nous leur aurions
accordé un tems de trois mois feulement pour fe faire recevoir
Maîtres fans faire aucune expérience, à la charge de payer les droits,
au moyen de quoi lefdits Jurés auroient offert de payer en nos coffres
la fomme de 12000. l. qui leur tiendroit lieu d'augmentation de fi-

finance,

nance dont ils n'ont néanmoins payé que celle de 5000. suivant les récepiſſés de   Richard, Caiſſier du Tréſorier de nos revenus caſuels en datte des 18 Avril & 13 Décembre 1693. qui nous a été repreſenté, depuis lequel tems & à l'occaſion tant de la confirmation d'herédité accordée aux Offices herédiraires par notre Edit du mois d'Août 1701. que de la création des Offices de Tré-ſoriers portée par notre autre Edit du mois de Juillet 1702. pour les Corps des Marchands & Communautés d'Arts & Métiers de notre Royaume. Leſdits Maîtres à danſer & Joueurs d'Inſtrumens de no-tredite Ville de Paris qui ont reconnu combien il leur eût été avan-tageux de réunir d'abord à leur Communauté les Offices de Jurés, & qu'il ne leur convenoit pas non plus de laiſſer lever celui de leur Tréſorier par des particuliers même de leur Corps, auroient rſſolu de retirer leſdits Offices de Jurés des mains deſdits quatre particu-liers qui en étoient revêtus aux conditions dont ils pourroient con-venir enſemble. pourvû qu'il nous plût en accorder la réunion à leur Communauté, auſſi bien que de celui de Tréſorier de leurs de-niers communs, aux offres qu'ils faiſoient de Nous payer 20000. liv. de nouvelle finance, & les deux ſols pour livre, tant pour être déchargés de la taxe de confirmation d'herédité à eux demandée, que pour ledit Office de Tréſorier, & que Nous euſſions agréable de réduire & moderer à la ſomme de 5000 liv. payée par leſdits Ju-rés en titre, & qui leur ont été ou feront rembourſés par ladite Communauté les 12000 liv. portées par notre Déclaration du 2 No-vembre 1692. au moyen dequoi tant leſdits Jurés que les Maîtres qui compoſent ladite Communauté feroient & demeureroient dé-chargés du payement des 7000 liv. reſtans, de maintenir ladite Communauté dans les fonctions & exercices dudit Art, de réiterer les défenſes portées par notre ſuſdite Déclaration, & de leur accor-der quelques gages pour ledit Office de Tréſorier, ainſi qu'aux au-tres Communautés, pour les aider à payer les rentes des ſommes qu'ils feront obligés d'emprunter pour payer ladite finance; & vou-lant traiter favorablement ladite Communauté après avoir fait voir en notre Conſeil le Contrat de ceſſion, & abandonnement fait à ſon pro-fit deſdits quatre Offices de Jurés par les quatre particuliers qui en étoient pourvûs ſuivant l'Acte du vingtiéme jour du mois de Févirer, reçu par Auvray & le Court, Notaires en notre Châtelet de Paris, enſemble notre Déclaration du 2 Novembre 1692. NOUS de notre grace ſpéciale, pleine puiſſance & autorité Royale avons agréé & approuvé, agréons & approuvons par ces préſentes, ſignées de notre main ladite ceſſion, & abandonnement fait à ladite Commu-nauté des Maîtres à danſer, Joueurs d'Inſtrumens tant haut que bas & Hautbois de notredite Ville & Fauxbourg de Paris, des quatre Of-fices de leurs Jurés par les quatre particuliers qui en étoient pourvus en conſéquence de notre Edit du mois de Mars 1691. leſquels Offi-

D

ces enſemble celui de Tréſorier de leurs deniers communs créé par notre Edit du mois de Juillet 1702. Nous voulons être & demeurer unis & incorporés à ladite Communauté, pour par elle les faire exercer par qui & ainſi qu'elle aviſera bon être ſans prendre aucunes proviſions de Nous, & jouir de 260 l. de gages actuels & effectifs par chacun an à commencer du premier Janvier 1703. ſuivant leurs ſoumiſſions dont l'emploi ſera fait dans les états de nos finances de la Généralité de Paris, & conformément à notredite Déclaration du 2 Novembre 1692, & aux Lettres Patentes des Rois nos prédeceſſeurs, maintenons & confirmons ladite Communauté, & les Maîtres qui la compoſent dans la fonction & exercice de leur Art, tant pour le fait de la danſe, que pour enſeigner à jouer de tous Inſtrumens de Muſique & Tablature de quelque eſpece que ce puiſſe être, ſans aucune exception, & notamment dans le droit d'enſeigner à jouer du Clavecin, du deſſus & de la baſſe de Viole, du Théorbe, du Lut, de la Guittare, de la Flutte Allemande & Traverſiere, nonobſtant tous Arrêts & Jugemens à ce contraires ; faiſons défenſes à toutes perſonnes de s'y entremettre & d'enſeigner la Danſe & le jeu deſdits Inſtrumens, ſoit en leurs maiſons, ou en celles des Bourgeois & autres lieux, à peine contre chaque Contrevenant de quatre cent livres d'amende applicable un tiers à l'Hôpital Général, & l'autre tiers à ladite Communauté, & un tiers au Dénonciateur. N'entendons néanmoins déroger à la liberté que Nous avons accordée aux treize Particuliers de l'Académie établie par nos Lettres Patentes du mois de Mars 1661. d'enſeigner la danſe, ni interdire à quelque perſonne que ce ſoit le Jeu de l'Orgue, & des autres Inſtrumens dans les Egliſes. Permettons auſſi à tous les Particuliers qui ont fait juſques à préſent l'exercice & fonction de Maîtres à danſer & de Joueurs d'Inſtrumens de ſe préſenter à ladite Communauté pour y être reçus Maîtres ſans être tenus de faire aucune expérience dont nous les avons diſpenſé & diſpenſons, à la charge de payer les droits de réception comme les autres aſpirans à la Maîtriſe, ce qu'ils ſeront tenus de faire dans trois mois du jour de la publication des préſentes, & ſans eſpérance d'autre délai, paſſé lequel tems voulons qu'ils en ſoient purement & ſimplement déchus. Pourront néanmoins les vingt-quatre Joueurs de Violon ordinaires de notre Chambre & autres nos Officiers qui montrent à danſer, Joueurs de Violon ou autres Inſtrumens dans notre Chapelle ou pour nos plaiſirs ſe faire recevoir Maîtres de ladite Communauté ſans faire aucune expérience, en payant ſeulement ſçavoir leſdits vingt-quatre Violons de notre Chambre cinquante livres pour ladite Communauté, dix livres pour le droit Royal, & trois livres pour l'Hôpital Général, & tous les autres nos Officiers ſoixante livres pour ladite Communauté, dix-ſept livres pour le droit Royal, & trois livres pour l'Hôpital Général : & en conſideration de tout ce que deſſus ſera tenue ladite Communauté ſuivant ſes of-

fres de payer actuellement ès mains de Jean Garnier chargé du recouvrement de la finance de la confirmation d'hérédité , & de celle
des Offices de Tréforiers des Bourfes communes la fomme de 20000
livres pour leprincipal defdites finances , & 2000 liv. pour les deux
fols pour livres ; & auffi en confidération defdits offres avons réduit
& moderé à ladite fomme de 5000 livres celle de 12000 livres portée par notredite Déclaration du 2 Novembre 1692. de laquelle
fomme de 5000 lvires que ladite Communauté a remboursée, fi fait
n'a été aufdits Jurés en titre, il lui fera délivré par le Tréforier de nos
revenus cafuels une quittance diftincte & féparée , au moyen dequoi
tant ladite Communauté que lefdits Jurés en titre feront & demeure-
ront déchargés comme nous les déchargeons par ces Préfentes des
7000 livres reftans des 12000 livres qui devoient Nous être payées
fuivant notredite Déclaration du 2 Novembre 1692. enfemble de la
finance à Nous dûe pour la confirmation d'hérédité dont ils étoient
tenus , foit à caufe defdits quatre Offices de Jurés , & de ceux d'Auditeurs de leurs Comptes , ci-devant réunis à ladite Communauté ,
que pour la finance dudit Office de Tréforier de leur bourfe commune
créé par l'Edit du mois de Juillet 1702. Permettons à ladite Communauté d'emprunter les deniers néceffaires pour le payement defdits
20000 liv. & des deux fols pour livre, ou de les lever par forme
d'emprunt fur les Maîtres qui la compofent, à proportion de leurs facultés , même fur ceux qui ont fait fignifier leur renonciation à la Maîtrife depuis le mois de Mars 1691. fuivant l'état qui en fera fait &
arrêté par le fieur d'Argenfon Confeiller en nos Confeils , Maître
des Requétes ordinaire de notre Hôtel , Lieutenant Général de Police de notre Ville de Paris. Ordonnons que ceux de ladite Communauté ou autres qui prêteront leurs deniers pour ladite réunion
auront hypothéque & privilége fpécial fur lefdits Offices , gages &
droits y attribués , fans qu'il foit befoin d'en faire mention dans les
Quittances de finance , mais feulement dans les Actes & Contrats
d'emprunts. Et pour maintenir la difcipline dans ladite Communauté
en attendant qu'il leur ait été accordé d'autres Statuts , voulons que
les Jurés qui feront élûs au nombre de trois , fuivant l'ancien ufage ,
foient choifis entre les Maîtres de la Sale du nombre de ceux qui ont
été choifis pour exercer l'Office d'Auditeur des Comptes , à la charge
qu'ils auront contribué au moins de la fomme de 300 liv. pour la
préfente réunion , & non autrement , & qu'ils ayent en outre payé la
fomme de dix livres dans la boëte , & au profit de ladite Communauté pour être admis à ladite fale , ainfi qu'il étoit accoutumé.
Ordonnons auffi que lefdits Jurés feront tenus de faire par chacun an
les quatre Vifites ordonnées par notredite Déclaration du 2 Novembre 1692. & que des 20 fols que chaque Maître doit payer , il ne
leur en appartiendra que 5 f. pour eux trois. Plus 6 l. auffi pour eux
trois à caufe de chaque enregiftrement de Brevet d'apprentiffage dans

D ij

les 12 liv, qui font dûes par chacun Apprentif, & que chacun defdits trois Jurés aura feulement la fomme de 10 liv. fuivant l'ancien ufage pour chaque réception à la Maîtrife , & la moitié defdits droits de réception pour les fils & gendres de Maîtres ; voulons pareillement que chacun des Afpirans paye au profit de ladite Communauté les dix livres qui fe payoient ci-devant à défunt Guillaume Dumanoir , qualifié Roy des Violons, & les fils & gendres de Maîtres lamoitié , le tout outre & par-deffus les autres droits, qui fuivant notre Déclaration du 2 Novembre 1692. appartenoient tant à ladite Communauté, qu'aux Jurés en titre, lefquels dorénavant appartiendront en entier à ladite Communauté. A la déduction de ceux ci-deffus exprimés feront pareillement tenus tous les Maîtres de ladite Communauté de payer par chacun an quinze fols pour droits de Confrairie, de tous lefquels gages, droits & autres deniers & revenus appartenans à ladite Communauté , lefdits Jurés rendront compte par chacun an en préfence des anciens Jurés & Auditeurs des Comptes, même de ceux qui fans avoir paffé par lefdites Charges auront prêté à la Communauté la fomme de 500 livres pour la préfente réunion , & d'autant que la police doit être uniforme & également obfervé dans tous les endroits de notredite Ville & Fauxbourg de Paris, permettons aufdits Jurés de faire leurs Vifites dans les maifons des particuliers qui exercent la profeffion de Maîtres à danfer & de Joueurs d'Inftrumens dans le Fauxbourg de S. Antoine , dans le Temple , dans l'Abbaye S. Germain des Prez, dans l'enclos de S. Jean de Latran, dans celui de S. Denis de la Chartre , dans la rue de l'Ourfine , dans les Colleges & dans tous les autres lieux privilegiez ou prétendus tels , fans néanmoins que lefdits Jurés puiffent prétendre aucuns droits pour raifon defdites Vifites , à moins que lefdits Particuliers ne fuffent auffi Maîtres de ladite Communauté ; & en cas qu'à l'occafion defdites Vifites qu'ils feront, foit dans lefdits lieux de franchifes & de Privilege, foit ailleurs ils remarquent des contraventions aux Reglemens de ladite Communauté , & à l'ordre public, ils en feront leur rapport pardevant nos Officiers du Châtelet pour y etre pourvû. Si donnons en mandement à nos amez & féaux Confeillers les Gens tenans notre Cour de Parlement à Paris, que ces Préfentes ils ayent à faire lire, publier & regiftrer pour être executées felon leur forme & teneur, nonobftant tous Statuts, Ufages Arrêts & Reglemens à ce contraire, & notamment à l'article III. des anciens Statuts du mois d'Octobre 1658. regiftrez en notre Cour de Parlement le 22 Aoûr 1659. aufquels nous avons dérogé & dérogeons par ces Préfentes aux copies defquels collationnées par l'un de nos amez féaux les Confeillers Secretaires. Voulons que foi foit ajoutée comme à l'original. Car tel eft notre plaifir. En témoin de quoi Nous avons fait mettre notre Scel à cefdites Préfentes Donnés à Verfailles le cinquieme Avril l'an de Grace 1707. & de notre Regne le foixante-quatriéme.

Sur les repréſentations des Organiſtes, Compoſiteurs de Muſique & faiſant Profeſſion d'enſeigner le Clavecin, les Inſtrumens d'Harmonie, & ſervant à l'accompagnement des voix, les Maîtres à danſer furent obligés de rapporter ces Lettres qui furent lacerées, les ſignatures biſſées, & le Sceau arraché, & onleur expédia celles qui ſuivent.

LOUIS, par la grace de Dieu, Roi de France & de Navarre, à tous ceux qui ces préſentes Lettre verront : SALUT, ayant par notre Fdit du mois de Mars 1691. créé & érigé en titre d'Offices héréditaire les Maîtres & Gardes, Syndic & Jurés des Corps des Marchands & des Communautés d'Arts & Métiers de notre Royaume: les nommés Thomas Ducheſne, Jean Godefroy, Vincent Peſant & Jean Aubert ont levé les quatre Offices de Jurés de la Communauté des Maîtres à Danſer & Joueurs d'Inſtrumens tant Haut que Bas, & Hautbois de notre bonne Ville & Faubourgs de Paris, moyennant 180o o l. de Finance qu'ils ont payé en nos Parties Caſuelles & comme par ledit Edit il leur étoit attribué des droits de réception ſur les Aſpirans à la Maîtriſe & de viſite annuelle ſur les Maîtres ; leſdits Jurés nous ayant repréſenté qu'il y avoit une infinité de perſonnes qui exerçoient la Profeſſion ſans êtrereçûs Maîtres, ce qui étoit non-ſeulement contraire à leurs interêts, mais encore à ceux de la Communauté ; Nous aurions par notre Déclaration du 2 Novembre 1692. maintenu & confirmé leſdits Jurés dans leurs fonctions, reglé le nombre de leurs Viſites & leur droits, enſemble ceux de Réception des aſpirans à la Maîtriſe & des Brevets d'Apprentiſſage, & fait défenſes à tous Particuliers de s'entremettre dans l'exercice & fonction des Maîtres dudit Art & Métier, tant pour le fait de la Danſe que pour leſd. Inſtrumens tant Haut que Bas & Hautbois, ſoit en leurs maiſons ou en celles de Bourgeois & autres lieux, à peine de 200 liv d'amende contre chaque Contrevenant, à l'exception des treize perſonnes compoſans l'Académie de Danſe, établies par nos Lettres Patentes du mois de Mars 1661. auſquels nous aurions permis d'exercer & montrer la Danſe en toute liberté ſans être ſujets aux viſites deſdits Jurés, & à l'égard des autres Particuliers qui avoient fait juſqu'alors les exercices & fonctions des Maîtres à Danſer, & de Joueurs deſdits Inſtrumens, Nous leur aurions accordé un tems de trois mois ſeulement pour ſe faire recevoir Maîtres ſans faire aucune expérience, à la charge de payer les droits, au moyen de quoi leſdits Jurés auroient offerts de payer en nos Coſtres la ſomme de 12000 liv. qui leur tiendroit lieu d'augmetation de finance, dont ils n'ont néanmoins payé que celle de 5000 liv. ſuivant le récipiſſé de

      Richard, Caiſſier du Tréſorier de nos revenus caſuels, en datte des 18 Avril & 13 Décembre 1693. qui nous a été repréſenté, depuis lequel tems à l'occaſion, tant de la confirmation d'hérédite accordée aux Offices héréditaires par notre Edit du mois d'Août

1701. que de la création des Offices de Tréforiers portées par notre autre Edit du mois de Juillet 1702. pour les Corps des Marchands & Communautés d'Arts & Métiers de notre Royaume ; leidits Maîtres à Danfer & Joueurs defd. Inftrumens de notre Ville de Paris, qui ont reconnu combien il leur eût été avantageux de réunir d'abord à leur Communauté les Offices de Jurés , qu'il ne leur convenoit pas non plus de laiffer lever celui de Tréforier par des Particuliers , même de leurs Corps , auroient réfolu de retirer lefdits Offices des Jurés des mains des quatre Particuliers qui en étoient revêtus aux conditions dont ils pourroient convenir enfemble , pourvû qu'il Nous plut en accorder la réunion à leur Communauté , auffi-bien que celui du Tréforier de leurs deniers communs aux offres qu'ils faitoient de nous payer 20000 liv. de nouvelle finance & les deux fols pour livre , tant pour être déchargé de la taxe de confirmation d'hérédité à eux demandé , que pour ledit Office de Tréforier , & que nous euffions agréable de réduire & moderer à la fomme de 5000 liv. payée par lefdits Jurés en titre , & qui leur a été ou fera remboursé par ladite Communauté ; les 12000 liv. portée par notre Déclaration du 2 Novembre 1692 au moyen de quoi tart lefdits Jurés que les Maîtres qui compofent ladite Communauté feroient & demeureroient déchargez du payement des 7000 liv. reftans , de maintenir ladite Communauté dans les fonctions & exercice dudit Art & Métier , de réiterer les défenfes portée par notre fufdite Déclaration , & de leur accorder quelques gages pour ledit Office de Tréforier , ainfi qu'aux autres Communautés pour les aider à payer les rentes des fommes qu'ils feront obligés d'emprunter pour payer ladite finance . & voulant traiter favorablement ladite Communauté api ès avoir fait voir en notre Confeil le Contrat de ceffion & abandonnement fait à fon profit defdits quatre Offices de Jurés par les quatre Particuliers qui en étoient pourvû fuivant l'Acte du vingtiéme jour de Février , reçû par Auvray & le Court , Notaires en notre Châtelet de Paris , enfemble notre Déclaration du deux Novembre 1692 Nous de notre grace fpéciale , pleine puiffance & autorité Royale , avons agréé & approuvé , agréons & approuvons par ces Prefentes fignées de notre main, ladite ceffion & abandonnement fait à lad. Communauté des Maîtres à Danfer , Joueurs d'Inftrumens tant Haut que Bas , & Hautbois de notre Ville & Faubourgs de Paris , des quatre Offices de leurs Jurés par les quatre Particuliers qui en étoient pourvûs en conféquence de notre Edit du mois de Mars 1691. lefquels Offices enfemble celui de Treforier de leur deniers communs créé par notre Edit du mois de Juillet 1702. Nous voulons être & demeurer unis & incorporés à ladite Communauté , pour par elle les faire exercer par qui & ainfi qu'elle avifera bon être , fans prendre aucune provifion de nous , & jouir de 260 liv. de gages actuels & effectifs par chacun an , à commencer du premier Janvier 1703. fuivant leur foumiffion dont l'emploi fera fait dans les états de nos Finances de la Généralité de Paris , & con-- formément à notre Déclaration du 2 Novembre 1692. & aux Let- tres Patentes des Rois nos Prédeceſſeurs , maintenons & confirmons ladite Communauté & les Maîtres qui la compoſent , dans la fon- ction & exercice de leur Art , tant pour les frais de la Danſe que deſd. Inſtrumens ; faiſons défenſes à tous Particuliers de s'entremettre dans l'exercice & fonction des Maîtres à Danſer & Joueurs des Inſtrumens tant Haut que Bas & Hautbois , ſoit en leur maiſon où en celles des Bourgeois & autres lieux , à peine contre chaque Contrevenant de 400 liv. d'amende applicable un tiers à l'Hôpital Général , l'autre tiers à ladite Communauté , & un tiers au Dénonciateur, conformé- ment à notre Déclaration du deuxiéme Novembre 1692. & à l'Arrêt de notre Cour de Parlement du 7 May rendu en conſéquence ; N'entendons néanmoins déroger à la liberté que nous avons accordé aux treize Particuliers de l'Accadémie établie par nos Lettres Paten- tes du mois de Mars 1661. d'enſeigner la Danſe, ni interdire à quel- que perſonne que ce ſoit, dans les Egliſes le Jeu des Inſt. umens, per- mettons auſſi à tous les Particuliers qui ont fait juſqu'à préſent l'exer- cice & fonction de Maître à Danſer & de Joueurs deſd. Inſtrumens, de ſe préſenter en ladite Communauté pour y être reçûs Maîtres ſans être tenus de faire aucune experience , dont nous les avons diſpenſés & diſpenſons, à la charge de payer les droits de réception comme les au- tres Aſpirans à la Maîtriſe , & qu'ils ſeront tenus de faire dans trois mois du jour de la publication des Preſentes, & ſans eſperance d'au- tre délai, paſſé lequel tems voulons qu'ils en ſoient purement & ſim- plement déchûs , pourront néanmoins les 24. Joueurs de Violons or- dinaires de notre Chambre & autres nos Officiers qui montrent à Danſer , à jouer du Violon, ſe faire recevoir Maîtres de lad. Com- munauté ſans faire aucune expérience en payant ſeulement;ſçavoir,les 24. Violons de notre Chambre 50 liv. pour ladite Communauté , 10 liv. pour le droit Royal & 3 liv. pour l'Hôpital General , & tous les autres nos Officiers , Joueurs de Violons 60 liv. pour ladite Communauté , 17 liv. pour le droit Royal , & 3 liv. pour l'Hôpi- tal General , & en conſideration de tout ce que deſſus ſera tenue la- dite Communauté ſuivant ſes offres , de payer dès à préſent ès mains de Jean Garnier chargé du recouvrement de la finance de la confir- mation d'hérédité & de celle des Offices de Tréſorier de Bourſes commune la ſomme de 20000 livres pour le principal deſdites fi- nances , & deux mille livres pour les deux ſols pour livres & auſſi en conſideration deſdites Offres, avons réduit & moderé à ladite ſom- me de 5000 liv celle de 12000 liv. portée par notredite Déclaration du 2 Novembre 1692. à laquelle ſomme de 5000 liv. que ladite Communauté a rembourſée, ſi fait n'a été auxdits Jurés en titre, il lui ſera délivré par le Treſorier de nos Revenus caſuels une quittance diſtincte & ſéparée, au moyen de quoi tant ladite Communauté que

lefdits Jurés feront & démeureront déchargés comme nous les déchargeons par ces Préfentes de 7000 liv. reftant de 12000 liv. qui
devoient nous être payées fuivant notre Déclaration du 2 Novembre
1692. enfemble de la finance à nous dûe pour la confirmation d'hérédité dont ils étoient tenus, foit à caufe des 4 Offices de Jurés, & de
ceux d'Auditeurs de leurs comptes ci-devant réunis à ladite Communauté, ou pour la finance dudit Office de Tréforier de leur Bourfe
commune créé par l'Edit du mois de Juillet 1702. Permettons à ladite
Communauté d'emprunter les deniers néceffaires pour le payement
defdits 20000 liv. & des deux fols pour liv. ou de les lever par forme d'emprunt fur les Maîtres qui la compofent à proportion de leurs
facultés, même fur ceux qui ont fait fignifier leur renonciation la
Maîtrife depuis le mois de Mars mil fix cent quatre-vingt onze, fuivant l'état qui en fera fait & arrêté par le Sieur d'Argenfon, Confeiller en nos Confeils, Maître des Requétes ordinaires de notre Hôtel,
Lieutenant Général de Police de notre Ville de Paris, ordonnons que
ceux de la Communauté ou autres qui préteront leurs deniers pour
lad. réunion, auront hipoteque & Privilege fpécial fur lefdits Offices,
Gages & droits y attribué fans qu'il foit befoin d'en faire mention dans la quittance de finance, mais feulement dans les Actes
& Contrats d'emprunts, & pour maintenir la difcipline dans ladite
Communauté, en attendant qu'il leur ait été accordé d'autres Statuts.
Voulons que les Jurés qui feront élu au nombre de trois, fuivant
l'ancien ufage, foient choifis entre les Maîtres de la Salle ou du nombre de ceux qui ont été choifis pour exercer l'Office d'Auditeur des
Comptes, à la charge qu'ils auront contribués au moins de la fomme de 300 liv. pour la préfente réunion, & non autrement, & qu'ils
ayent en outre payé la fomme de 10 liv. dans la boëte, au profit de
ladite Communauté pour être admis à ladite Sale, ainfi qu'il étoit
accoutumé : Ordonnons auffi que lefdits Jurés feront tenus de faire
par chacun an les quatre vifites ordonnées par notre Déclaration
du 2 Novembre 1692. & que des vingt fols que chaque Maître doit
payer, il ne leur appartiendra que cinq fols pour eux trois, plus fix
livers auffi pour eux trois à caufe de chaque enregiftrement de chaque
Brevet d'apprentiffage dans le Royaume ; douze livres qui feront
dûe par chaque Apprentif, & que chacun defdits trois Jurés aura
feulement la fomme de 10 liv. fuivant l'ancien ufage pour chaque
réception & la Maîtrife, & la moitié defdits droits de réception pour
les Fils & Gendre des Maîtres : Voulons pareillement que chacun
des Afpirans paye au profit de ladite Communauté les 10 liv. qui fe
payoient ci-devant à défunt Guillaume Dumanoir qualifié Roi des
Violons, & les Fils & Gendre de Maîtres la moitié ; le tout outre
& par deffus les autres droits, qui. fuivant notre Déclaration du 2
Novembre 1692. appartenoient, tant à ladite Communauté qu'aux
Jurés en titre, lefquels dorénavant appartiendront en entier à ladite
Communauté

Communauté , à la déduction de ceux ci-deſſus exprimé , ſeront pareillement tenus tous les Maîtres de ladite Communauté de payer
par chacun an quinze ſols pour droits de Confrairie , de tous leſquels
gages , droits & autres deniers & revenus appartenans à ladite Communauté , leſdits Jurés rendront compte par chacun an , en préſence
des anciens Jurés & . . . .
ſans avoir paſſé par leſdites Charges , auront preſté à ladite ceux qui
nauté la ſomme de 500 liv. pour la préſente réunion , & d'autant que
la Police doit être une forme également obſervée dans tous les endroits de notre Ville & Faubourg de Paris : Permettons auſdits Jurés
de faire leurs viſites dans les maiſons des Particuliers qui exercent la
Profeſſion de Maîtres à danſer & de Joueurs d'Inſtrumens tant Hauts
que Bas & Hautbois dans les Faubourgs de Saint Antoine , dans le
Temple , dans l'Abbaye Saint-Germain-des-Prez , dans l'Enclos de
Saint Jean de Latran , dans celui de Saint Denis-de-la-hartre , dans
la rue de Lourſine , dans les Colleges & dans tous les autres Lieux
privilegiés ou prétendus tels , ſans néanmoins que leſdits Jurés puiſſent prétendre aucun droit pour raiſon deſdites viſites , à moins que
leſdits Particuliers ne fuſſent auſſi Maîtres de ladite Communauté; &
en cas qu'à l'occaſion deſdites viſites qu'ils feront , ſoit dans leſdits
Lieux de franchiſe & de privilege , ſoit ailleurs ils remarquent des
contraventions aux Réglemens de ladite Communauté & à l'ordre
public , ils feront leur rapport pardevant nos Officiers du Châtelet
pour y êtrepourvû. Si DONNONS EN MANDEMENT à nos Amés & féaux
Conſeillers , les Gens tenans notre Cour de Parlement à Paris , que
ces Préſentes ils ayent à faire lire , publier & regiſtrer pour être exécuté ſelon leur forme & teneur , aux Copies deſquelles collationnées
par l'un de nos Amés & féaux Conſeillers Secretaires : Voulons que
foi ſoit ajouté comme à l'original. CAR tel eſt notre plaiſir,en témoin
de quoi nous avons fait mettre notre Scel à ceſdites Préſentes. DON-
NE' à Marly le dix-huitiéme jour de Mai , l'an de grace mil ſept
cent ſept , & de notre Regne le ſoixante-cinquiéme. Signé , LOUIS.
Et au bas , par le Roi PHELYPEAUX. Et au bas , Vû au Conſeil,
CHAMILLARD.

Collationné à l'Original en parchemin ce fait & à l'inſtant rendu par
les Conſeillers du Roy Notaires à Paris ſouſſigné , ce jourd'hui 23 Ma
1707. Signés , LANGE, MELIN.

B

LETTRES Patentes en faveur des Organiftes de la Chapelle & autres faifant Profeffion de Mufique, le 25 Juin .--

LOUIS, par la grace de Dieu, Roi de France & de Navarre : A nos Amés & feaux Confeillers les Gens tenans notre Cour de Parlement à Paris: SALUT, les Organiftes de notre Chapelle & autres faifans Profeffion d'enfeigner la Compofition de la Mufique, & de toucher les Inftrumens d'harmonie, & fervant à l'accompagnement des Voix : Nous ont très-humblement reprefentés que les Jurés de la Communauté des Maitres à danfer, Joueurs d'Inftrumens tant haut que bas & Hautbois de notre bonne Ville de Paris, auroient jufques-à prefent négligé de pourfuivre l'enregiftrement de nos Lettres en forme de Déclaration du 18 May dernier que nous leur avons accordées, tant pour la réunion à la Communauté des quatre Offices de Jurés créés par notre Edit du mois de Mars 1691. & confirmation d'hérédité defdits Offices & de ceux d'Auditeurs de leurs comptes, créés par autre Edit du mois de Juillet 1702. que pour la réunion de celui de Tréforier de leur bourfe commune, & ce, fous prétexte que par nofdites Lettres nous avons ordonné l'exécution d'un Arrêt par vous rendu le 7 May 1695. en conféquence d'autre, notre Déclaration du 2 Novembre 1692. en faveur des Expofans, lefquels ayant lieu de craindre un nouveau trouble de la part defdits Maîtres à danfer ont un interêt fenfible, que la difpofition portée par lefdites Lettres Patentes qui maintient lefdits Expofans dans l'exercice de leurs droits „ foit pleinement exécutée fans que lefdits Maîtres à danfer puiffent jamais y donner atteinte fous pretexte qu'ils n'auroient pas fait enregiftrer lefdites Lettres Patentes, & pour cet effet ils nous auroient très humblement fupplié de leur accorder nos Lettres à ce néceffaires : A CES CAUSES & autres à ce nous mouvans, & de notre certaine fcience, pleine puiffance & autorité Royale, & voulant traiter favorablement les Organiftes de notre Chapelle & autres faifant profeffion d'enfeigner la Compofition & à toucher lefdits Inftrumens d'harmonie, & les maintenir dans le libre exercice de leur Profeffion : NOUS avons par ces Préfentes fignées de notre main, dit & ordonné, difons & ordonnons conformément à notredite Déclaration du 2 Novembre 1692. & audit Arrêt du 7 Mai 695. que lefdits Maîtres à danfer ne pouvant prendre d'autres qualités que celle de Maîtres à danfer, Joueurs d'Inftrumens tant haut que bas & Hautbois, & en conféquence leur faifons défenfes de troubler les Expofans dans l'exercice de leur Profeffion, voulant que lefdits Maîtres à danfer fe renferment exactement dans leur bornes qui leur ont été prefcrites par notredite Déclaration du 2 Novembre 1692. & par l'Arrêt du 7 May 1695. & par nosdites Lettres Patentes du 18 May de la présente année, que nous voulons être executés selon leur forme & teneur. Si vous donnons en mandement que ces Présentes vous ayez à enregistrer, & du contenu en icelles, faire jouir les Exposans selon leur forme & teneur. Car tel est notre plaisir, en témoin de quoi nous avons fait mettre notre Scel à cesdites Présentes. Donne' à Versailles le vingt - cinquiéme jour de Juin, l'an de grace mil sept cent sept, & de notre Regne le soixante-cinquiéme. *Signé*, LOUIS. Par le Roy. Phelypeaux. Vû au Conseil Chamillard.

Regiſtrées, oui le Procureur Général du Roi, pour jouir par les Supplians de leur effet & contenu & être exécutées selon leur forme & teneur, suivant l'Arrêt de ce jour. A Paris en Parlement le quatriéme Juillet mil sept cent sept. Signé, Du Tillet.

Le quatre Novembre mil sept cent dix, à la Requête des Organiſtes de notre Chapelle & autres faisant profeſſion d'enseigner la Compoſition de la Muſique & de toucher les Inſtrumens d'Harmonie, & servant à l'accompagnement des Voix pour lesquels domicile eſt élu chez Me Caland, Procureur au Parlement de Paris, y demeurant rue du Batoir; les préſentes Lettres Patentes ont été ſignifiées, & d'icelles laiſſé Copie aux fins y contenues à la Communauté des Maîtres à danſer, Joueurs d'Inſtrumens tant haut que bas & Hautbois en la perſonne & domicile du ſieur Rocque, Jurés en Charge de ladite Communauté, l'un d'eux rue Saint Honore, en en parlant à ſa perſonne, à ce qu'ils n'en iguorent, par nous Huiſſier ordinaire du Roy en tous ſes Conſeils, Signé, Yvry.

LOUIS par la Grace de Dieu, Roy de France & de Navarre, au premier des Huiſſiers de notre Cour de Parlement, ou autre notre Huiſſier, ou Sergent ſur ce requis. Salut; ſçavoir qu'entre les Sieurs Jean Landrin, Guillaume-Antoine Calvieres, & Louis-Claude Daquin, Organiſtes de la Chapelle du Roy; Armand Louis Couperin, Organiſte de S. Gervais, Michel Forqueray, Organiſte de S. Severin, Antoine Dornel, Organiſte de Sainte Geneviéve; René Drouart du Bouſſet, Maître de Muſique du Roy pour ſes Academies des Siences & Inſcriptions, Organiſte de S. André des Arts, Claude Ingrin, Organiſte de S. Etienne du Mont, Nicolas-Gilles Forqueray, Organiſte de S. Mery, Pierre-Claude Fouquet, Organiſte de S. Euſtache, Jean Odeo de Mars, Organiſte de S. Jacques de la Boucherie, Jacques Duphly, Jacques Noblet, Organiſtes de Sainte Marie-Madeleine, Claude Vernadé, Organiſte de Notre-Dame de Bonne-Nouvelle, Antoine Deſprés, Organiſte de la Pitié, Michel Corrette, Pierre Février, Organiſte des Jacobins de la rue S. Honoré, Anne-Joachim Gigault, Organiſte de S. Nicolas des Champs, Ceſar-François-Nicolas Clerambault, Organifte du Roy à S. Cyr, Evrad-Dominique Clerambault, Organifte des Jacobins de la rue S. Jacques, Joſeph-Claude Foucault, Organifte de S. Denis, & tous Compofiteurs de Mufique, faifant profeffion d'enfeigner à toucher le Clavecin & les Inftrumens d'Harmonie, & fervans à l'accompagnement des Voix, Oppofans fuivant l'Acte reçu au Greffe de la Cour le quatorziéme jour d'Aouft 1747. à l'enregiftrement de toutes les Lettres Patentes qui pourroient avoir été obtenues par les Défendeurs ci-après d'une part, & Jean-Pierre Guignon, Roy & Maître des Méneftriers, Joueurs d'Inftrumens tant haut que bas, & Hautbois, & les Jurez en charge de la Commuauté des Maîtres à danfer Joueurs d'inftrumens tant haut que bas, & Hautbois, Défendeurs d'autre, & entre ledit fieur Guignon & ledits Jurez, Demandeurs aux fins des Requêtes & Exploit du 22 Octobre 1749. à ce que fans s'arrêter aux oppofitions des Défendeurs ci-après nommez ès mains de M. le Procureur Général à l'enregiftrement des Statuts & Lettres Patentes obtenues fur iceux au mois de Juillet 1747. dont ils feroient déboutez, il feroit procédé & paffé outre audit enregiftrement en la maniere accoutumée, d'une part, & les Peres de la Doctrine Chretienne établis à S. Julien des Meneftriers, & lefdits Sieurs Landrin & Conforts Défendeurs d'autre, & entre lefdits Sieurs Landrin & Conforts, Charles Godro, Nicolas Jacob, Organifte en furvivance de la Charité, Gabriel Dubuiffon, Organifte de S. Germain l'Auxerrois, Benigne-François Ferand, Organifte de S. Martin du Fauxbourg S. Marceau, Philippes Thomas Dufour, Organifte des Théatins, Charles-Alexandre Jollage, Organifte des Petits Peres, Duburgrave, Organifte de S. Sauveur, Louis le Fevre, Organifte de S. Louis en l'Ifle, Michel Grillon, Charles Millemans, Organifte de la Ville-l'Evêque, Etienne Denis de Lair, Jean-Louis Carton, & Jean-Baptifte Dupuis, Pierre Vinot, Organifte de S. Leu, Jean Lambert, Organifte de S. Lazare, Jean-Pierre Barbeaux, Organifte du S. Efprit, Jacques Anry, Organifte de S. Jacques du Haut-Pas, Claude-Henry Guichard, Organifte de S. Joffe, Louis-Antoine Thomelin, Organifte à Melun, Charles-François le Tourneur, enfeignant à jouer du Clavecin à Madame la Dauphine, & aux Enfans de France, Charles-François-Clement, Claude de la Porte, & Marin, & tous Compofiteurs de Mufique, faifant profeffion d'enfeigner à toucher le Clavecin, les Inftrumens d'Harmonie, & fervant à l'accompagnement des Voix, Demandeurs en trois Requêtes des 22 Janvier, 4 Février, & 11 Mars 1750. à ce que ledit fieur Godro & autres feroient reçus Parties intervenantes dans la caufe & conteftations pendantes en la Cour entre ledit fieur Landrin & Conforts, le fieur Guignon & les Jurez de la Communauté des Maîtres à danfer fur l'oppofition formée par ledit fieur Landrin & Conforts à l'enregiftrement des Lettres Patentes & Statuts obtenues par ledit fieur

Guignon & ladite Commnnauté , qu'il leur feroit donné acte de l'emploi du contenu en leur Requefte pour moyens d'intervention, que
fans s'arrêter à la requefte & demande defdits fieur Guignon & Jurez
de ladite Communauté dont ils feroient déboutez , il feroit ordonné
que l'Arreft de la Cour du 7 May 1695. & les Lettres Patentes du
25 Juin 1707. regiftrées en la Cour feroient executez felon leur forme & teneur, & qu'au furplus il leur feroit adjugez les autres conclufions portées dans lefdites Requeftes d'une part, & le fieur Guignon, Roy & Maître des Méneftyiers, & les Jurez de la Communauté des Maîtres à danfer, Défendeurs d'autre , & ledit Guignon
& lefdits Jurez de la Communauté des Maîtres à danfer Demandeurs
en Requefte du 9 Avril 1750. à ce qu'il leur feroit donné acte de ce
qu'ils confentoient que conformément à l'Arreft de 1695. & aux
Lettres Patentes de 1707. lefdits Landrin & Conforts jouiffent de
la liberté d'être Compofiteurs de Mufique, & faifant profeffion de
toucher l'Orgue , & d'enfeigner à toucher le Clavecin fans être reçus Maîtres de leur Communauté , à la charge néanmoins qu'ils ne
pourront s'immifcer dans les fonctions des Maîtres de ladite Communauté pour les Inftrumens de Mufique tant haut que bas , autres
l'Orgue & le Clavecin , & en conféquence que fans s'arréter & avoir
égard au furplus de leur Requefte, intervention & demandes, dont
lefdits Landrin , Calvieres, Daquin & autres feroient déboutez , il
feroit ordonné que les Statuts & Reglemens en queftion, feroient
regiftrez pour être executez felon leur forme & teneur , & lefdits
Landrin & Conforts condamné aux dépens, d'une part, & lefdits
fieurs Landrin, Calvieres & autres ci-deffus nommez , Défendeurs
d'autre ; & entre lefdits fieur Landrin , Calvieres, Daquin & Conforts, Louis Gregoire auffi Compofiteur de Mufique, Demandeurs
en Requefte du 21 Avril 1750. & à ce qu'en venant par les Parties
plaider fur leurs différentes Requêtes, augmentant aux conclufions
par eux ci-devant prifes, recevant ledit Gregoire Partie interve-
nante, & lui donnant acte de l'emploi du contenu en fa Requefte
pour moyen d'intervention, il leur feroit pareillement donné acte de la
déclaration faite par lefdits Guignon & les Jurés de la Communauté
defdits Maîtres à danfer par leur Requefte du 9 Avril 1750. qu'ils
confentent que conformément à l'Arreft de la Cour de 1695. & aux
Lettres Patentes de 1707. les fieurs Landrin & Conforts jouiffent de
la liberté d'être Compofiteurs de Mufique , & faifant profeffion de
toucher de l'Orgue , & d'enfeigner à toucher le Clavecin fans être
reçus Maîtres de leur Communauté , ce faifant que fans s'arrêter au
furplus de la demande dudit Sr Guignon & defd. Jurez dans laquelle
ils feroient déclarés non-recevables, ou dont en tout cas ils feroient déboutés , il feroit ordonné que la Déclaration du Roy du 2 Novembre 1692. l'Arreft de la Cour du 7 May 1695. & les Lettres Patentes du 25 Juin 1707. regiftrées en la Cour feroient executés fe-

lon leur forme & teneur ; en conféquence faifant droit fur leur op~
pofition à l'enregiftrement des Lettres Patentes portant confirmation
des Statuts obtenues par lefd. Sieurs Guignon & Jurés de ladite Communauté des Maîtres à danfer, les fieurs Landin & Conforts feroient
conformément aufdites Déclarations , Arreft & Lettres Patentes ci-
deffus, maintenus & gardés dans le libre exercice d'Organiftes Compofiteurs de Mufique, & faifant profeffion d'enfeigner à toucher le
Clavecin, les Inftrumens d'Harmonies & fervans à l'accompagnement
des Voix,il feroit fait défenfes aufdits Srs Guignon & Jurés de ladite
Communauté, & de les troubler. Il leur feroit pareillement fait défenfes de prendre d'autre qualité : Sçavoir , le fieur Guignon de Roy
& Maître des Méneftriers, Joueurs d'Inftrumens tant haut que bas
& Hautbois, & lefdits Jurés de la Communauté des Maîtres à Danfer, Joueurs d'Inftrumens tant haut que bas, & Hautbois. Il leur
feroit enjoint de fe renfermer dans les bornes à eux prefcrites par la
Déclaration du 2 Novembre 1691, Arrêt de la Cour du 7 May 1695.
& par les Lettres Patentes du 25 Juin 1707. il feroit ordonné que
conformément à iceux les qualitez par eux prifes tant dans leur nouveaux Statuts, que dans les Lettres Patentes par eux obtenues fur
iceux, & lefdits Statuts ci-après expliquez, feroient réformés ; en conféquence il feroit ordonné que le titre defdits Statuts fera reformez ,
& qu'ils feront intitulez , Statuts & Reglemens approuvez par Sa
Majefté pour la Communauté des Maîtres à danfer Joueurs d'Inftrumens tant haut que bas, & Hautbois dans toutes les Villes du Royaume. Que l'article premier defdits Statuts fera entiérement réformé &
fupprimé; & qu'au lieu de celui qui y eft il feroit conçu dans les termes
qui fuivent, les Maîtres à danfer, Joueurs d'Inftrumens tant haut
que bas,& Hautbois,tant à Paris que dans toutes les Villes du Royaume
Pays,Terres & Seignauries de l'obéïffance de S. M. continueront d'étre
de la Communauté de S. Julien des Méneftriers, & reconnoîtront tous
pour Chef celui qu'il plaira à Sa Majefté de nommer ; & fera ledit
Chef connu & dénommé fous le titre de Roy & Maître des Méneftriers. Que l'article troifiéme defdits Statuts feroit pareilement réformé,& que les termes tant pour la Danfe, que pour tous les Jeux
d'Inftrumens feroient fupprimés , & que l'on y employeroit les termes fuivans ; ies Maîtres à danfer, Joueurs d'Inftrumens tant haut
que bas, & Hautbois; que l'article huitiéme defdits Statuts feroit pareillement réformé, & que les termes de quelque nature que ce foit,
mis après les mots d'Inftrumens tant haut que bas, feroient & demeureroient fupprimés; comme auffi qu'au lieudes mots Joueurs d'Inftrumens,il feroit mis,defditsInftrumens,ou en tout cas qu'il feroit ordonné que le commencement dudit article huit feroit rédigé conformément & dans les mêmes termes que ceux inferez dans l'article fixiéme
des anciens Statuts de ladite Communauté. Aucune perfonne regnicole ou étrangere ne pourra tenir Ecole, ni montrer en particulier

la danfe ni les Jeux d'Inftrumens haut & bas, s'attrouper jour ni nuit pour donner férenades, & jouer aucuns defdits Inftrumens en aucunes nôces ou affemblées publique & particulieres, ni par tout ailleurs, & généralement faire aucune chofe concernant l'exercice de ladite Science. Que l'art. 9. feroit réformé, & que dans les endroits où il eft dit les Inftrumens ou des Inftrumens, il fera mis lefdits Inftrumens ou defd. Inftrumens. Que le titre de l'article vingt-troifiéme defd. Statuts fera pareillement réformé, & qu'au lieu des termes Afpirans à la Maîtrife dans les Arts des Jeux d'Inftrumens & de Danfe, il fera mis les termes Afpirans à la Maîtrife des Maîtres à danfer, Joueurs d'inftrumens tant haut que bas, & Hautbois ; que l'article vingt-huitiéme defdits Statuts feroit entiérement fupprimé, ou en tout cas que les défenfes y portées feroient reftraintes à la Danfe feulement, & que tous les termes qui ont relation aux Inftrumens feroient fupprimés. Que les qualités prifes par ledit fieur Guignon, & les Jurés de ladite Communauté par les Lettres Patentes par eux obtenues fur lefdits Statuts, feront pareillement réformées, & qu'ils y feront employées fous les qualités ci-deffus expliquées;fçavoir ledit Guignon, Roy & Maître des Méneftriers, Joueurs d'Inftrumens, tant haut que bas, & Hautbois, & lefdits Jurés de Jurés en Charge de la Communauté des Maîtres à danfer, Joueurs d'Inftrumens tant haut que bas, & Hautbois. Que dans le corps defdites Lettres, & à l'endroit où il eft parlé d'Inftrumens feroient réformés, & que l'on y employeroit les termes d'Inftrumens tant haut que bas, & Hautbois, ou lefdits Inftrumens. Il feroit pareillement ordonné que dans tous les Actes, Requêtes, Jugemens & autres endroits où ledit fieur Guignon & lefdits Jurés auroient pris d'autres qualités, elles feroient réformées, & qu'elles y feroient employées fous les qualités fufdites, & à eux données & attribuées par lefdites Déclaration, Arréts & Lettres Patentes ci - deffus citées, portant défenfes à eux d'en prendre d'autres, qu'il feroit ordonné que tant ledit Arrêt du 7 May 1695. que les Lettres Patentes du 25 Juin 1707. & l'Arrêt qui interviendroit feroient regiftrés fur le Regiftre de la Communauté des Maîtres à danfer, & qu'ils feroient ainfi que ledit fieur Guignon condamnés aux dépens d'une part, & ledit fieur Guignon, & lefdits Jurés de la Communauté des Maîtres à danfer, Défendeurs, d'autre,   Marchand, Organifte de la Chapelle du Roy pour les Péres Saint Lazare à Verfailles, Nicolas Hubert Paulin Organifte de la Paroiffe de Verfailles,   Cavanier, Organifte de l'Abbaye de S. Etienne à Caen, André Cheron, Maître de Mufique de l'Académie Royale de Mufique de l'Opera, Pierre Baron, Organifte à Reims, Pierre Talon, Organifte de l'Abbaye de S. Denis à Reims, Pierre Lallier, Organifte de la Paroiffe de S. Pierre de Reims, Nicolas Perrier, Organifte des Peres Cordeliers dudit Reims, & Chriftophe Morreau,

Organifte de la Cathedrale d'Orleans,& tous Compofiteurs de Mufique,& faifant profeffion d'enfeigner à toucher le Clavecin & les Inftrumens d'Harmonie, Demandeurs en trois Requétes des 5 , 25 & 30
Mai 1750. à ce qu'ils feroient reçus Partie intervenantes dans les con-
ftations d'entre led. fieur Landrin & Conforts, lefd. fieurs Guignon
& Jurés de ladite Communauté, qu'il leur feroit donné acte de l'emploi du contenu en leur Requéte pour moyen d'intervention , & de
ce qu'ils fe joignoient aufdits fieurs Landrin & Conforts adheroient
aux conclufions par eux prifes qui leur feroient pareillement adjugées , avec dépens, & Défendeurs d'une part , & ledit fieur Guignon,
& lefdits Jurés des Maîtres à danfer, Défendeurs & Demandeurs en
deux Requétes des 25 & 26 May 1750. à ce que fans avoir égard
aux interventions & demandes des fieurs Marchand , Cheron & autres dont ils feroient déboutés , les conclufions par eux prifes leur
feroient adjugées avec dépens, d'autre, & entre les Prétres de la
Doctrine Chrétienne établis en ladite Maifon de S. Julien à Paris,
Demandeurs en Requéte du 20 Décembre 1749. à ce qu'il leur feroit donné acte de ce qu'ils confentoient à l'enregiftrement des nouveaux Statuts dreffés par la Communauté des Maîtres à danfer , &
des Lettres Patentes accordées fur iceux au mois de Juillet 1747. à
condition que dans l'Arrêt d'enregiftrement il feroit dit 1°. que ni lefdits Statuts & Lettres Patentes , ni leur enregiftrement ne pourroit
préjudicier à la Tranfaction paffée entre eux, & les Maîtres à danfer
le 15 Avril 1664. confirmée & approuvée par M. l'Archevêque de
Paris , fuivie de Lettres Patentes homologuées en la Cour, laquelle feroit executée felon fa forme & teneur. 2°. Qu'au cas de rétabliffement de l'ancien Hôpital, fuivant l'article 26 defdits Statuts,
cet Hôpital ne pourroit être rétabli dans le lieu qui forme aujour-
d'hui la Chapelle de la Vierge en l'Eglife de S. Julien, dans la jouiffance
de laquelle Chapelle ils feroient maintenus & confervé. 3°. Que ce
qui revient à la Communauté des Maîtres à danfer, fur le prix des
chaifes de l'Eglife de S. Julien des Méneftriers, feroit remis par le
Fermier entre les mains d'un Sequeftre , qui feroit nommé par M. le
Lieutenant Général de Police, pour être ledit revenu employé aux
réparations & entretiens de ladite Eglife , Chapelle & Confrairie par
ordre dudit fieur Lieutenant Général de Police , après que commu-
nication leur auroit été faite des Requétes qui feroient préfentées
pour faire ordonner lefdites , réparations & entretiens, & des Procès
verbaux qui feroient dreffés à cet effet, aufquels ils feroient appellés, & après les avoir entendus. 4°. Qu'en cas de négligence de la
part defdits Maîtres à danfer de faire faire lefdites réparations &
entretiens, il feroit permis aufdits Prétres de la Doctrine Chrétienne
après une fimple fommation, de fe faire autorifer à les faire faire,
les lieux préalablemens vûs & vifités pour en conftater l'état et préfence defdits Maîtres à danfer, ou ceux dûement appellés en la perfonne

fonne de leurs Jurés en charge , le montant defquelles réparations
& entretiens , enfemble les frais pour y parvenir feroient pris fur les
deniers qui fe trouveroient entre les mains du fequeftre , à la déli-
vrance defquels il feroit condamné ; quoi faifant déchargé. 5°. Qu'à
l'avenir les baux de la portion revenante aux Maîtres à danfer fur
les chaifes de l'Eglife de S. Julien des Méneftriers ne pourroient être
renouvellés qu'en leur préfence ou eux dûement appellés , même
qu'ils feroient autorifés à s'en charger, fi bon leur fembloit par privilege & préférence, à tous autres , fur le prix qui en feroit offert ,
à condition par eux de remettre entre les mains du Sequeftre qui
feroit nommé ledit prix qui en reviendroit à ladite Communauté ,
& que ladite Communauté des Maîtres à danfer feroit condamnée aux
dépens , & Défendeurs d'autre part, & ledit fieur Guignon , & lefdits Jurés de la Communauté des Maîtres à danfer, Défendeurs &
Demandeurs en Requête du 9 Avril 1750. à ce qu'il leur feroit
donné acte de leur déclaration qu'ils n'entendoient pas conftruire ledit
Hôpital dont les nouveaux Statuts leur laiffe la faculté fur le terrain
qui forme la Chapelle de la Vierge , ni dans aucun endroit appartenant légitimement aux Prêtres de la Doctrine ; en conféquence
que fans s'arrêter ni avoir égard aux demandes , fins & conclufions
des Doctrinaires dans lefquelles ils feroient déclarés non-recevables,
ou dont ils feroient déboutés , il feroit ordonné que les Statuts &
Réglemens dont il s'agit feroient enregiftrés pour être executés felon
leur forme & teneur, & lefdits Peres de la Doctrine condamné aux
dépens, d'autre ; & entre lefdits Prêtres de la Doctrine Chrétienne ,
Demandeurs en deux Requêtes , la premiere du 15 Avril 1750. à
ce qu'il leur fût donné acte de la déclaration des Défendeurs ci-après
portée par leur Requête du 9 du même mois qu'ils n'entendoient point
conftruire le nouvel Hôpital dont leurs Statuts leur laiffe la faculté fur
le terrain qui forme la Chapelle de la Vierge , ni dans aucun autre
endroit appartenant aux Demandeurs , en conféquence qu'il fût ordonné qu'en cas de rétabliffement dudit Hôpital il ne pourroit être
rétabli dans le lieu où fe trouve aujourd'hui la Chapelle de la Vierge ,
ni dans aucun autre dont les Demandeurs ont la jouiffance par la
tranfaction de 1664. que les Défendeurs fuffent déboutés de leurs demandes , avec dépens. La deuxiéme du 5 May préfent mois à ce
qu'il leur fût donné acte de ce que fur le fequeftre par eux demandé
da la portion appartenante aux Défendeurs dans le revenu des chaifes
ils s'en rapportoient à la prudence de la Cour Qu'il fût ordonné que
les termes injurieux répandus dans le Mémoire imprimé des Défendeurs foient rayés & biffés ; qu'il fût fait défenfes aux Défendeurs
d'ufer de pareils termes fous telles peines qu'il plaira à la Cour ; &
qu'au furplus les conclufions des Demandeurs leurs fuffent adjugées
avec dépens, d'une part, & ledit fieur Guignon & les Jurés des Maîtres à danfer, Défendeurs d'autre, après que Doucet, Avocat de

F

Dacquin & aütres, du Ponchel Avocat des Peres de la Doctrine
Chrétienne de S. Julien des Meneſtriers, & Auvray Avocat de Guignon & autres ont été ouis, enſemble le Bret pour notre Procureur Général. Notredite Cour reçoit les Intervenans Parties intervenantes,
faiſant droit ſur les interventions & demandes, donne acte aux nommés Marchand & Conſorts, André Cheron & Conſorts, Parties de
Doucet de ce qu'ils adherent aux concluſions de Calvieres, Dacquin
& autres Parties de Doulcet; donne acte à toutes les Parties de Doulcet du conſentement des Parties d'Auvray porté en leur Requête du
9 Avril dernier, qu'ils jouiſſent de la liberté d'être Compoſiteurs
de Muſique, & faſſent profeſſion de toucher l'Orgue, & d'enſeigner
à toucher le Clavecin ſans être reçus Maîtres de leur Communauté.
Donne pareillement acte aux Parties de du Ponchel de la déclaration
des Parties d'Auvray qu'ils n'entendent point conſtruire le nouveau
Hôpital dont le rétabliſſement leur eſt permis par leurs Statuts ſur
le terrain qui forme la Chapelle de la Vierge, ni dans aucun autre
endroit appartenant aux Parties de du Ponchel au principal en tant
que touche les Parties de Doulcet; ordonne que la déclaration du 2
Novemb. 1692. l'Arrêt de notredite Cour du 7 May 1695. les Lettres-Patentes du 25 Juin 1707. feront executées ſelon leur forme &
teneur; ce faiſant maintient & garde les Parties de Doulcet dans le
droit & poſſeſſion de ſe dire & qualifier Compoſiteurs de Muſique,
& faiſant profeſſion d'enſeigner à toucher les Inſtrumens d'harmonie;
en conſéquence ſans s'arrêter aux demandes des Parties d'Auvray,
ayant égard à l'oppoſition des Parties de Doulcet ordonne que les
qualités priſes par les Parties d'Auvray, tant dans les Lettres Patentes
dont eſt queſtion, que dans les Actes & Requêtes de la cauſe, feront réformées, & que celles de Roi & Maître des Meneſtriers Joueurs
d'Inſtrumens tant haut que bas & Hautbois & de Communauté des
Maîtres à danſer Joueurs d'Inſtrumens tant haut que bas & Hautbois;
portés en la déclaration du 2 Nov. 1692. Arrêt du 7 Mai 1695. & dans
les Lettres Patentes de 1707. y feront employées ſoit pour led. Guignon ſoit pour les Maîtres de ladite Communauté ordonne que le titre
deſd. Statuts ſera réformé & qu'ils feront intitulés: Statuts pour la Communautés des Maîtres à danſer, Joueurs d'Inſtrumens tant haut que bas
& Haut bois; ordonne que l'art. 1. deſdits Statuts ſera réformé, & qu'il
ſera conçu dans les termes qui ſuivent. Les Maîtres à danſer Joueurs
d'Inſtrumens tant haut que bas, & Hautbois, tant de Paris que dans
toutes les Villes du Royaume, Pays, Terres & Seigneuries, de l'obéïſ-
fance de Sa Majeſté continueront d'être de la Communauté de Saint
Julien des Méneſtriers, & reconnoîtront tous pour Chef celui qu'il
aura plû à Sa Majeſté de nommer ſous le titre de Roi & Maître des
Méneſtriers; ordonne que l'article trois deſdits Statuts ſera pareillement réformé, & que les termes tant pour la danſe que pour les
jeux d'Inſtrumens feront ſupprimés, & que l'on y employera les ter-

mes fuivans : Lefdits Maîtres à danfer, Joueurs d'Inftrumens tant haut que bas, & Hautbois.; ordonne que l'article huit defdits Statuts fera pareillement réformé, & que les termes de quelque nature que ce foit mis après ces mots Inftrumens tant haut que bas feront fupprimés ; comme auffi qu'au lieu de ces mots, Joueurs d Inftrumens, il fera mis defdits Inftrumens ; ordonne que l'article neuf fera réformé, & que dans les endroits où il eft dit les Inftrumens, ou des Inftrumens, il fera mis lefdits ou defdits Inftrumens ; ordonne que l'article vingt-trois fera réformé, & qu'au lieu des termes Afpirans à la Maîtrife dans les Arts des jeux d'Inftrumens & de danfe, il fera mis les termes Afpirans à la Maîtrife de Maîtres à danfer, Joueurs d'Inftrumens tant haut que bas, & Hautbois ; ordonne que l'article vintgt-huit fera entiérement fupprimé ; ordonne que l'Arrêt du 7 May 1695. les Lettres Patentes du 25 Juin 1707. & le préfent Arrêt feront enregiftrés fur le Livre des délibérations des Parties d'Auvray, & en tant que touche les Parties de du Ponchel, ayant aucunement égard à leur demande, ordonne que la tranfaction du 15 Avril 1664. fera executée felon fa forme & teneur, en conféquence ordonne qu'en cas de rétabliffement de l'ancien Hôpital fuivant l'article 26 defdits Statuts, il ne pourra être rétabli dans le lieu qui forme aujourd'hui la Chappelle de la Vierge, ni dans aucun autre endroit appartenant aux Parties de du Ponchel ; ce faifant ordonne qu'il fera paffé outre à l'enregiftrement des Lettres Patentes dont il s'agit, fi faire fe doit, en la maniere accoutumée, fur la demande en fequeftre met quant à préfent les Parties hors de Cour fur le furplus des demandes, fins & conclufions des Parties, met les Parties hors de Cour, condamne les Parties d'Auvray en tous les dépens tant envers les Parties de Doulcet, qu'envers celle de du Ponchel. Si mandons mettre le préfent Arrêt à execution. Donné en Parlement le 30 May l'an de grace 1750. & de notre Regne le trente-cinquiéme. Collationné DE SOUBLEMOUTIER. Par la Chambre, *figné*, DUFRANC. Le 9 Juin 1750. Signifié & baillé copie à Mes Garnier & Perreau, Procureurs par nous Huiffier en Parlement. Souffigné, figné, AUBIN, avec Paraphe.

L E vingt-cinq Juin mil fept cent cinquante, fignifié & laiffé copie de l'Arrêt ci-deffus, & des autres parts, enfemble de l'Arrêt de la Cour, des Lettres Patentes & enregiftrement d'icelles en datte des 7 May 1695. 25 Juin & quatre Juillet 1707. au fieur Guignon, Roi & Maître des Méneftriers Joueurs d'Inftrumens tant haut que bas, & Hautbois demeurant en la Ville de Verfailles à l'Hôtel de Villeroy en fon domicile, en parlant au Suiffe dudit Hôtel qui n'a voulu dire fon nom, de ce fommé, qui a promis remettre ladite copie audit fieur Guignon, & auquel Suiffe nous avons payé cinq fols qu'il a requis à ce que du contenu en iceux il n'en ignore & ait à s'y conformer, par nous Jerôme Garot, Huiſſier au Parlement, demeurant à Paris, rue & Paroiſſe S. Jacques de la Boucherie. *Signé,* GAROT. Contrôlé le 27 Juin 1750. *Signé* MESSONNIER.

L'AN mil ſept cent cinquante le vingt-ſix Juin à la requête des ſieurs Jean Landrin Guillaume-Antoine Calvieres, & Louis-Claude Dacquin, Organiſtes de la Chapelle du Roy; Armand-Louis Couperin, Michel Forqueray, Antoine Dornel, René Drouard, de Bouſſet, Claude Ingrin, Nicolas Gilles Forqueray, Pierre-Claude Fouquet, Jean Odeo Demars, Jacques Duphly, Jacques Noblet, Claude Vernadé, Antoine Deſprés, Michel Corrette, Pierre Fevrier, Anne-Joachim Gigault, Ceſar-François-Nicolas Clerambault, Evrard Dominique Clerambault, Joſeph Claude Foucault & autres nommés en l'Arrêt qui ont élû leur domicile en la maiſon de Me Delaguette, Procureur en la Cour, ſiſe rue Simon-le-Franc, Paroiſſe Saint Merry, Nous Henry Grivault, Huiſſier au Parlement, demeurant rue la Lanterne, Paroiſſe de la Madeleine en la Cité, ſouſſigné avons ſignifié & laiſſé copie aux ſieurs Jurés de la Communauté des Maîtres à danſer, Joueurs d'Inſtrumens tant haut que bas, & Hautbois de la Ville & Fauxbourgs de Paris en leur Bureau ſiſe rue S. Martin, près & à côté S. Julien des Méneſtriers, parlant au ſieur Montron, Clerc dudit Bureau, & de ladite Communauté, de l'Arrêt de la Cour du 7 May 1695. Lettres Patentes, Arrêt d'enregiſtrement en la Cour en date de vingt cinq Juin & quatre Juillet mil ſept cens ſept, & Arrêt de la Cour du trente May dernier, à ce que du contenu en iceux ils n'en ignorent, & en vertu dudit Arrêt dudit jour trente May dernier en forme & ſignifié, ſommé la Communauté de dits Maîtres à danſer en parlant comme deſſus de ſe trouver demain Samedi huit heures du matin en leurdit Bureau, comme dit eſt, à l'effet par les Jurés en Charge de ladite Communauté de nous repréſenter leur Regiſtre des délibérations pour y tranſcrire ledit Arrêt, Lettres Patentes d'enregiſtrement ſuſdaté ſuivant & ainſi qu'il eſt ordonné par le dernier Arrêt ſuſdatté, ſinon & à faute de s'y trouver lieu & heure ſuſdite, que nous en dreſſerons procès verbal de leur refus, ſauf à nos Parties à ſe pourvoir par les voyes de droit pour les y faire contraindre & avons comme deſſus, laiſſé copie tant deſdits Arrêts, que du préſent. *Signé,* GRIVEAU. Contrôlé le 27 Juin 1750. *Signé,* MESSONIER.

L'AN mil ſept cens cinquante le vingt-ſept Juin huit heures du matin, en vertu d'un Arrêt de Noſſeigneurs de Parlement contradictoirement rendu à l'Audience le trente May dernier, dûement collationné & ſignifié de Procureur à Procureur le neuf Juin préſent mois, & au ſieur Guignon nommé & qualifié audit Arrêt le vingt-cinq dudit préfent mois, & auſſi aux ſieurs Jurés & Communauté des Maîtres à danſer Joueurs d'Inſtrumens tant haut que bas, & Hautbois de la Ville & Fauxbourgs de Paris le jour d'hier, & à la requête des ſieurs Jean Landrin, Guillaume-Antoine Calvieres, & Louis-Claude Dacquin, Organiſtes de la Chapelle du Roy; Armand Louis Couperin, Michel Forqueray, Antoine Dornel, René Drouart de Bouſſet, Claude Ingrin, Nicolas-Gilles Forqueray, Pierre Claude Fouquet, Jean Odeo de Mars, Jacques Duphly, Jacques Noblet, Claude Vernadé, Antoine Deſprés, Michel Corrette, Pierre Février, Anne-Joachim Gigault, Ceſar-François-Nicolas Clerambault, Evrard-Dominique Clerambault, Joſeph-Claude Foucault, & autres nommés audit Arrêt tous Organiſtes Compoſiteurs de Muſique, faiſant profeſſion d'enſeigner à toucher le Clavecin & les Inſtrumens d'harmonie, & ſervant à l'accompagnement des Voix, pour tous leſquels domicile eſt élû en la maiſon de Me Delaguette leur Procureur en la Cour, ſiſe rue Simon-le-Franc, Paroiſſe S. Merry. Nous Henry Griveau, Huiſſier au Parlement, demeurant rue de la Lanterne, Paroiſſe de la Madeleine en la Cité, ſouſſigné, ſommes tranſporté de notre demeure ſuſdite au Bureau des ſieurs Jurés & Communauté deſdits Maîtres à danſer Joueurs d'Inſtrumens tant haut que bas, & Hautbois de la Ville & Fauxbourgs de Paris, ſiſe rue S. Martin, à côté de la Chapelle connue ſous le nom de S. Julien des Méneſtriers, où étant arrivé heure ſuſdite avec un Clerc mené exprès afin d'accélerer l'enregiſtrement que nous entendions faire au déſir dudit Arrêt, nous avons auſdits Jurés de la Communauté des Maîtres à danſer, Joueurs d'Inſtrumens tant haut que bas, & Hautbois, parlant à la femme du ſieur Montron, Clerc dudit Bureau en continuant la ſommation à eux faite ledit jour d'hier afin de procéder cejourd'hui à ladite heure de huit du matin audit enregiſtrement, ainſi qu'il eſt dit en ladite ſommation contenue en ladite ſignification d'Arrêt, ſus-énoncé fait itérative ſommation de préſentement nous repréſenter le Regiſttre des Délibérations de ladite Communauté, pour ſur icelui y tranſcrire un extrait d'Arrêt définitif de la Cour de Parlement prononcé en la Grand'Chambre le 7 May 1695. en faveur des Compoſiteurs de Muſique, Organiſtes, & Profeſſeurs de Clavecin, contre les Jurés de la Communauté des Maîtres à danſer & Joueurs d'Inſtrumens tant haut que bas & Hautbois, ſignifié de Procureur à Procureur le 30 du même mois de May, les Lettres Patentes obtenues de ſa Majeſté par les Organiſtes de ſa Chapelle & autres le 25 Juin 1707. regiſtrées en la Cour de Parlement le 4 Juillet ſuivant, & ſignifiées le 4 Novembre 1710 à la Communauté des Maîtres à danſer, Joueurs d'Inſtrumens tant haut que bas & Hautbois par Me Ivry, Huiſſier ordinaire du Roy en tous ſes Conſeils, & ledit Arrêt de la Cour dudit jour 30 Mai de la préſente année 1750. ſus énoncé, laquelle femme Montron pour les Jurés de ladite Communauté nous

a à l'inftant repréfenté le Regiftre des Délibérations de la Communauté defdits Maîtres à danfer, Joueurs d'inftrumens tant haut que
bas & Hautbois de la Ville & Fauxbourgs de Paris, fur lequel après
avoir obfervé qu'il contient 394. pages cottées par premiere jufques
compris ledit nombre 394. & que la premiere Délibération écrite fur
le recto du premier Juillet eft du 30 Mars 1732. & que ledit Regiftre eft couvert de parchemin; nous avons fur la page cottée 140.
au dos de laquelle, qui eft le recto du feuillet cotté 139. eft la derniere Délibération faite le 7 Juin de la préfente année 1750. dans ladite
Communauté, & auffi fur les pages cottées 141. 142. & fur la plus
grande partie de celle cottée 143. tranfcrit au défir dudit Arrêt dudit
jour 30 May dernier, ledi extrait de l'Arrêt définitif de la Cour du
Parlement dudit jour 7 May 1695. lefdites Lettres Patentes du 25
Juin 1707. l'enregiftrement & la fignification d'icelle des 4 Juillet
audit an 1707. & 4 Novembre 1710. & par extrait les qualités dudit
Arrêt dudit jour 30 May 1750. & en entier le difpofitif d'icelui, après
quoi avons fur ledit Regiftre & enfin dudit tranfcrit fait le 27. Juin
1750. au défir dudit Arrêt du 30 May dernier, conftaté ledit tranfcrit
par notre fignature, & de tout ce que deffus, avons fait & dreffé le
préfent Procès-verbal pour fervir à nos Parties en tems & lieu ce
que de raifon. *Signé*, GRIVEAU. Et contrôlé le 27. Juin 1750.
Signé, MESSONNIER.

PRÉCIS

POUR les Organiftes du Roi & autres, Compofiteurs de Mufique, faifans profeffion d'enfeigner à toucher le Clavecin, les Inftrumens d'harmonie, & fervans à l'accompagnement des Voix.

CONTRE le Sieur Guignon, Roi & Maître des Méneftriers & les Jurés de la Communauté des Maîtres à Danfer, Joueurs d'Inftrumens, tant hauts que bas & Hautbois.

LE fieur Guignon, Roi & Maître des Meneftriers & la Communauté des Maîtres à Danfer, Joueurs d'Inftrumens, tant hauts que bas, & Hautbois, abandonnent actuellement le projet qu'ils avoient formé de réunir les Organiftes Compofiteurs de Mufique, & faifans profeffion d'enfeigner à toucher le Clavecin dans leur Communauté ; mais ils perfiftent à foutenir que leurs Statuts doivent refter dans l'etat qu'ils font, que tous les autres Inftrumens d'harmonie font de leur reffort, & qu'ils ont le droit excluſif d'en enfeigner, que par conféquent tous ceux qui voudront en enfeigner, doivent être reçûs Maîtres dans leur Communauté (c'eft-à-dire, Maîtres à Danfer.

Le plan qu'ils fe font formé pour foutenir ce fyftéme, eft de dire qu'ils font originairement Maîtres d'Inftrumens, qu'il y a eu deux Communautés, l'une de Maîtres d'Inftrumens, & l'autre de Maîtres à Danfer : que ce n'eft que depuis environ 80 ans que la Maîtrife de Danfe a été réunie à celle des Inftrumens ; de forte qu'il ne refte aux Organiftes, pour forcer le fieur Guignon & la Communauté des Maîtres à Danfer dans leur dernier retranchement, qu'à faire voir la fauffeté de cette fuppofition, en conféquence que jamais il n'y a eu de Maîtrife d'Inftrumens, mais feulement une Maîtrife de Danfe, qu'il n'y a jamais eu deux Communautés, mais une feule de Maître à Danfer, que les Maîtres de cette Communauté n'ont jamais eu le droit d'enfeigner aux Particuliers le Jeu de tel Inftrument que ce

foit , & que d'ailleurs ce que demandent le fieur Guignon & les Maîtres à Danfer , eft diamétralement contraire à leurs Statuts, à la Déclaration du Roi du 2 Novembre 1692. à l'Arrêt de la Cour du 7
May 1695. aux Lettres-Patentes des Maîtres à Danfer du 18 May
1707. & à celles accordées aux Organiftes & autres le 25 Juin 1707.
regiftrées en la Cour.

Nous nous bornerons pour la preuve de ces faits à une analyfe fimple des Titres.

Sans qu'il foit même befoin de remonter dans les fiécles reculés,
il fuffira de confulter les Statuts de la Communauté des Maîtres à
Danfer , revêtues de Lettres-Patentes du mois d'Octobre 1658. &
enregiftrées au Parlement le 22 Août 1659.

Par l'article premier , pour être reçu Maître il faut avoir fait un
apprentiffage de quatre ans chez un des Maîtres de la Communauté.

L'article 3. de ces Statuts eft conçu en ces termes :

*Lefdits Maîtres ne pourront enfeigner les Jeux des Inftrumens & autres
qu'à ceux qui font obligés & actuellement chez eux en qualité d'Apprentifs , à peine de 50 liv. d'amende.*

Il ne faut pas d'autres preuves pour faire voir que jamais il n'y a eu
de Maîtrife d'Inftrumens de Mufique , par laquelle on ait pû acqué-
rir le droit de montrer aux Particuliers à jouer des Inftrumens.

Mais fi on en défire une plus complette , il ne faut que rapporter
les termes employés par Dumanoir, Roi des Meneftriers , & les Jurés
de la Communauté des Maîtres à Danfer, dans un Mémoire par eux
imprimé contre ceux de l'Académie de Danfe qui vouloient fe dif-
penfer de fe faire recevoir Maîtres.

En voici les termes :

*Quand on paffe un Maître de la Communauté , on ne fe contente pas de
lui faire toucher un violon , mais fur tout on lui fait faire expérience de la
Danfe afin de juger , s'il eft capable de fon emploi , c'eft-à-dire, de la Maîtrife qu'il pourfuit & qui comprend l'art de la Danfe auffi-bien & même
davantage que le Jeu des Inftrumens , jufques-là même qu'on admet quelque-
fois à cette Maîtrife des Afpirans qui ne fçavent prefque rien du Violon ,
parce qu'en effet , on peut fuppléer à ce défaut par le jeu d'une autre perfonne,
au lieu que l'on n'y admet jamais aucun Prétendant s'il ne fçait bien l'art
de danfer , & c'eft de-là que vient auffi que les admis ou les reçus en cette
efpéce de Maîtrife ne font point appellés des Maîtres Violons , ni des Maîtres Joueurs de Violons , mais qu'on les qualifie feulement de Maîtres à
Danfer.*

*Le caractere de la Maîtrife qui fe reçoit du Roi de l'art contentieux , eft
en effet beaucoup plus pour la maniere de danfer que non pas pour le violon ,
& la Communauté de S. Julien eft bien plus établie pour l'art de la Danfe
que non pas pour celui des Inftrumens : on ne voit point dans la Police du
Royaume qu'il y ait aucun établiffement de Maîtrife de Mufique , ni de
quelqu'Inftrument que ce foit , excepté du Violon uni à la Danfe , par la
raifon*

raison que l'on a jugé à propos de laisser la liberté toute entière à l'égard de l'art musical, & de ce qui en dépend immédiatement & sans mélange d'autre chose, comme en dépendent tous les Instrumens harmonieux, à l'exception du Violon avec lequel la Danse, est nécessairement comme annexée, de sorte qu'il est vrai de dire qu'il n'y auroit pas même de Maîtrise de Violon si ce n'étoit cet enchaînement ou cette attache de la Danse avec cet Instrument plutôt qu'avec aucun des autres.

Tels sont les termes du Mémoire de Dumanoir, Roi des Menestriers & des Jurés de la Communauté des Maîtres à Danser en 1664. dans un tems très-voisin des Statuts de 1658.

Ce raisonnement de Dumanoir & des Jurés n'a pas besoin de commentaire, il confond sans ressource tous ceux que font le sieur Guignon & la Communauté des Maîtres à Danser.

La conséquence qui résulte de ces observations est frappante, ils ne sont que Maîtres à Danser, mais non Maîtres d'Instrumens. Il n'y a jamais eu de Communauté de Maîtres d'Instrumens séparée, ni de réunion de celle de Maîtres à Danser. Il n'a jamais subsisté d'autre Communauté que celle des Menestriers qui sont les Maîtres à Danser. On défie de rapporter aucune preuve de cette prétendue réunion, leur qualité de Maîtres à Danser ne leur donne pas le droit d'enseigner les Instrumens, au contraire elle le leur interdit.

Le faux de ce systême démontré aussi sensiblement, il ne reste plus qu'à faire voir que ce qu'ils demandent est diamétralement contraire aux titres respectifs des deux Parties.

Il est contraire aux Statuts des Maîtres à Danser. Il suffit à cet égard de renvoyer à l'article 3. d'iceux ci-dessus cité, & à ce qui a été dit.

La Déclaration du Roy du 2 Novembre 1692. portant réglement pour les fonctions des Jurés-Syndics de la Communauté des Maîtres à Danser, Joueurs d'Instrumens, tant hauts que bas, & Hautbois, est le premier titre qui se présente. En voici les termes :

Maintenons par ces présentes ledit Dumanoir en l'Office de Roi & Maître des Menestriers & Joueurs d'Instrumens dont il est pourvû...... sans qu'aucune personne puisse montrer à danser dans la Ville & Fauxbourgs de Paris qu'il n'ait été reçu Maître dans ladite Communauté..... Voulons & ordonnons que les Statuts & Réglemens faits pour raison dudit Art & Métier au mois d'Octobre 1658. soient executés selon leur forme & teneur..... Faisons pareillement défenses à tous particuliers de s'entremettre dans l'exercice & fonction des Maîtres dudit Art, tant pour le fait de la Danse, que des Instrumens, soit en leurs maisons, ou en celles des Bourgeois & autres lieux.

Cette déclaration fixe d'abord le titre des Maîtres de ladite Communauté, il fixe leur droit exclusif à montrer la Danse & jouer des Instrumens hauts & bas & Hautbois, soit en montrant à danser, soit dans les bals, assemblées & serenades ; on n'y trouvera point qu'il leur foit permis d'enfeigner à qui que ce foit le jeu d'aucun Inftrument, puifque même le contraire eft porté par la difpofition qui prononce l'exécution des Statuts de 1658. lefquels leur défendent précifément d'enfeigner le jeu des Inftrumens.

Le fecond titre eft l'Arrêt de la Cour du 7 May 1695. qui en déboutant Dumanoir, Roi & Maître des Meneftriers, & les Jurés de la Communauté des Maîtres à Danfer de la demande qu'ils avoient formé contre les Organiftes Compofiteurs de Mufique, &c. *ordonne que leurs qualités feront réformées, & qu'elles feront employées fous le titre de Maîtres à Danfer, Joueurs d'Inftrumens, tant hauts que bas, & Hautbois.* On peut mettre pour troifiéme titre les Lettres-Patentes que les Maîtres à Danfer avoient furprifes de la religion du feu Roi Louis XIV. le 5 Avril 1707. par lefquelles ils s'étoient fait accorder le droit d'enfeigner à jouer de toutes fortes d'Inftrumens de Mufique & tablature, & notamment du Violon, de la baffe de Violon, Viole, baffe de Viole, Luth, Theorbe, Clavecin, &c. avec défenfes à qui que ce foit d'en enfeigner s'il n'étoit reçu Maître de leur Communauté, à peine de 400 liv. d'amende, puifque fur la repréfentation des Organiftes Compofiteurs de Mufique, &c. ils ont été obligés de rapporter ces Lettres qui ont été biffées, lacerées, & le fcel arraché.

Ces Lettres forment d'autant plus un titre qu'en conféquence du rapport de ces premieres il en a été expédié d'autres aux Maîtres à Danfer le 18 May 1707, dans lefquelles non feulement on a fupprimé cette faculté d'enfeigner des inftrumens, mais les Maîtres à Danfer n'ont été maintenus en leurs droits & fonctions de leur Art & Métier que conformément à la Déclaration du Roi du 2 Novembre 1692, & à l'Arrêt du Parlement du 7 May 1695. & ces Lettres forment un quatriéme titre d'autant plus authentique, que c'eft celui même des Maîtres à Danfer.

Enfin le cinquiéme & dernier titre font des Lettres-Patentes accordées aux Organiftes le 25 Juin 1707. regiftrées en la Cour le 4 Juillet fuivant, ces Lettres s'expliquent ainfi dans l'expofé.

Les Organiftes de notre Chapelle & autres Compofiteurs de Mufique faifans profeffion d'enfeigner à toucher le Clavecin, les Inftrumens d'harmonie, & autres fervans à l'accompagnement des voix.

A ces caufes le Roi voulant les maintenir dans le libre exercice de leur Profeffion, ordonne que les Maîtres à Danfer ne pourront prendre d'autres qualités que celles de Maîtres à Danfer - Joueurs d'Inftrumens tant hauts que bas, & Hautbois, en conféquence leur fait défenfes de troubler lefdits Organiftes, &c. dans l'exercice de leur Profeffion, voulant que lefdits Maîtres à Danfer fe renferment exactement dans les bornes qui leur ont été prefcrites par la Déclaration du 2 Novembre 1692. l'Arrêt du Parlement du 7 May 1695. & les Lettres-Patentes du 18 May 1707.

On ne pourroit par les raifonnemens qu'affoiblir les difpofitions de titres auffi refpectables & auffi décififs. Les Organiftes fe contenteront donc de l'extrait qu'ils viennent d'en faire, ils se flattent qu'ils démontrent suffisamment le ridicule de la prétention du Roi des Menestriers, & des Maîtres à Danser, de vouloir s'arroger le droit exclusif d'enseigner le jeu de toutes sortes d'Instrumens de Musique, & renfermer les Organistes dans le jeu de l'Orgue & du Clavecin, que cette prétention est précisément proscrite par ces différens Arrêts & Réglemens, & que l'on ne peut refuser ausdits Organistes l'adjudication de leurs demandes en réformation des Statuts des Maîtres à Danser, puisqu'ils n'ont pour objet que de les réduire aux qualités qui leur ont été données de Maîtres à Danser - Joueurs d'Instrumens tant hauts que bas, & Hautbois, avec défenses à eux d'en prendre d'autres, & de les renfermer dans les bornes qui leur sont prescrites par les mêmes titres.

DELAGUETTE, Proc.

ADDITION
AU PRECIS.

POUR les Organistes du Roi & autres, Compositeurs de Musique, faisans profession d'enseigner à toucher le Clavecin, les Instrumens d'harmonie, & servans à l'accompagnement des Voix.

CONTRE le Sieur Guignon, Roi & Maître des Ménestriers & les Jurés de la Communauté des Maîtres à Danser - Joueurs d'Instrumens tant hauts que bas & Hautbois.

LE Mémoire qui a été fait très-succinctement, sur le désistement du sieur Guignon, de ses prétentions contre les Organistes, & sur la réserve captieuse qu'il fait qu'aucune personne sans l'attache du Roi & de la Communauté des Menestriers, ne pourra exercer ni enseigner aucuns Instrumens autres que l'Orgue & le Clavecin, a occasionné de la part des Créatures du sieur Guignon des discours qu'on débite avec affectation & qui pourroient en imposer, soit au Public, soit aux Juges qui doivent décider la question.

G ij

On prétend que les Organiftes excédent leur pouvoir, que le fieur Guignon leur ayant déclaré qu'il ne prétendoit les renfermer dans les nouveaux Statuts dont il pourfuit l'homologation, ils doivent être contens ; que toute autre caufe leur eft étrangere, & que de foutenir la liberté de la Profeffion de tous les Inftrumens, autres que ceux fervans à la Danfe, eft intenter & foutenir une procédure pour gens qu'on n'attaque point, qui par conféquent ne fe défendent point & ne font point Parties dans l'Inftance dont il s'agit, & qu'enfin il y a animofité de la part des Organiftes.

Quelques réflexions fuffiront pour montrer le faux de tous ces raifonnemens, & que les Organiftes par leur Mémoire & par les Conclufions qu'ils continuent de prendre, ne foutiennent que leur propre Caufe.

Quel eft le motif qui a déterminé le fieur Guignon & les Jurés de la Communauté des Meneftriers à fe défifter de la prétention contre les Organiftes ? Ils y ont été conduits & forcés par la Déclaration du 2 Novembre 1692. par les Lettres-Patentes du mois de May 1707. & finguliérement par l'Arrêt du 7 May 1695. & les Lettres-Patentes accordées aux Organiftes le 25 Juin 1707. Or fi le fieur Guignon n'a pû y réfifter, pourquoi acquiefce-t'il à une partie & prétend-t'il affoiblir & rendre inutile le furplus ? Ces Lettres, non-feulement confervent la liberté des Organiftes pour le fait de l'Orgue & du Clavecin, mais elles prononcent la même liberté en faveur de ceux qui profeffent les Inftrumens fervans à l'accompagnement des Voix.

Mais quel intérêt & de quel droit les Organiftes défendent-ils feuls la liberté de ces autres Inftrumens ? Le refpeci & la reconnoif-fance qu'ils doivent à la volonté fouveraine, qui a prononcé & leur e accordé les Lettres-Patentes dont il s'agit, & qui renferment les aitres de la liberté de tous les Harmoniftes, autres que ceux qui profeffent le méchanifme de la Danfe, feroit un droit acquis de foutenir toute la force & tout ce qui eft contenu dans ces mêmes Lettres. Outre ce, ils ont un intérêt réel & perfonnel à en pourfui-vre l'entiere exécution. Plufieurs d'entre les Organiftes ne fe bor-nent pas à la feule profeffion de l'Orgue & du Clavecin ; quelques-uns enfeignent le Violon & la Flure, &c. Plufieurs qui ne le font pas feroient en état de le faire, & peuvent s'y determiner. Or tandis que le Roy accorde finguliérement aux Organiftes la liberté de leur profeffion, & qu'il prononce en leur faveur la même liberté pour l'exercice des autres Inftrumens, au préjudice de titres auffi refpec-tables que le Parlement a revétu de fon enregiftrement, il faudra donc que l'Organifte que celui qui profeffe le Clavecin & qui réu-nira le talent d'un autre Inftrument jouiffe de la liberté pour l'un, & qu'il foit affervi pour l'autre à fe faire recevoir Maître à Danfer. Il faudra donc que les enfans des Organiftes qui peuvent recevoir la

connoiſſance de l'harmonie , & qui s'attacheroient à l'art de quelqu'Inſtrument autre que l'Orgue & le Clavecin, & qui voudroien
le profeſſer , ſe faſſe recevoir Meneſtrier , ſon pere même ne pourra
lui enſeigner , & ce même pere d'un état libre, honnéte & compati-
ble avec des titres nobles, verra ſon fils enrollé dans la Communauté des Meneſtriers , & cette qualité ſera la récompenſe de ſes
ſoins & du plaiſir qu'il aura pris à lui tranſmettre ſa ſcience ? S'il étoit
poſſible que les Lettres-Patentes fuſſent énervées à ce point , aucun
Organiſte ne voudroit faire part de ſes lumieres & de ſes talens , ni
concourir aux diſpoſitions de ſes deſcendans.

Après ces réflexions, il eſt aiſé de juger que les Organiſtes de-
mandant l'exécution de leurs Lettres Patentes, ne défendent point
la cauſe d'autrui, mais la leur propre & celle de leurs enfans, &
ils ne le font que parce que tout ce qu'ils ſoutiennent leur a été accordé par les titres qu'on conteſte ſi indécemment.

Il eſt donc prouvé qu'il n'y a point d'animoſité , puiſque les Organiſtes ſe renferment dans leurs ſeuls droits. Pourquoi défendant
la cauſe de la liberté des Inſtrumens harmoniques en voudroient-
ils au Sieur Guignon ? Ils eſtiment ſon talent , mais ils ne peuvent
s'empêcher de s'étonnner , qu'il s'aveugle au point de ſe méconnoî-
tre lui-même. Ce n'eſt point la qualité de Maître des Meneſtriers
qui donne un luſtre à ſon habileté ſur le violon ; c'eſt au contraire
cette même habileté qui lui a procuré la ſupériorité ſur ces Maîtres à
Danſer , & qui l'a établi en quelque ſorte leur Juge de police. En
tant que ſimple Violon il fait partie de ceux qui doivent avoir à
cœur la liberté d'un Art , qui ainſi que les autres concernant l'harmonie, ont des prérogatives qui ont été ſolidement établies , par
le Mémoire qui a été diſtribué, & qui prouvent leur incompatibilité
avec la qualité de Meneſtrier.

DELAGUETTE, Proc.

DÉPÔT

PAR Meſſieurs les Organiſtes de leurs Titres.

CONTRE les Maîtres à Danſer.

AUJOURD'HUI SONT COMPARUS DEVANT LES
Notaires du Roi à Paris ſouſſignés , les ſieurs Jean Landrin ;
Guillaume-Antoine Calvierres, & Louis-Claude Daquin , tous trois
Organiſtes du Roi.

Michel Forqueray, Organifte de S. Séverin; Pierre-Claude Fouquet, Organifte de S. Euftache; René Drouart Deboulfet, Maî're de Mufique du Roi pour fes Académies des Sciences & Infcriptions , Organifte de S. André-des-Arcs ; Nicolas-Gilles, Forqueray Organifte de l'Eglife de S. Merry ; André Cheron, Maître de Mufique de l'Académie Royale ; Céfar-François Nicolas Clerambault, Organifte du Roi à Saint Cyr ; Eftienne-Denis Delair, Maître de Clavecin Jean Odo de Mars, Organifte de l'Eglife de Saint Jacques de la Boucherie & de Saint Nicolas du Chardonnet ; Charles-Alexandre Jolage, Organifte de l'Eglife des Petits-Peres de la Place des Victoires ; Claude Delaporte, Organifte de l'Eglife de Saint Médard ; Claude Vernadé, Organifte de la Paroiffe de Notre-Dame de Bonnes Nouvelles & des Filles de Saint Thomas ; & Charles Noblet, Accompagnateur du Clavecin de l'Académie Royale de Mufique ; tous Compofiteurs de Mufique, faifans Profeffion d'Enfeigner à toucher le Clavecin, les Inftrumens d'harmonie & fervans à l'accompagnement des Voix.

Lefquels ont dit, qu'ils viennent d'effuyer un Procès de la part du fieur Guignon , Roi & Maître des Meneftriers , & de la Communauté des Maîtres à Danfer , Joueurs d'Inftrumens, tant haut que bas & Hautbois , qui prétendoient affervir les Organiftes à fe faire recevoir Maîtres à Danfer; fans laquelle qualité ils n'auroient pû enfeigner l'Orgue, le Clavecin, & les autres Inftrumens d'harmonie ; que ce Procès n'a été que renouvellé. La fucceffion des Rois des Meneftriers ayant toujours tenté d'entamer la liberté defdits Organiftes, qui dans tous les tems a toujours été reconnue ; ce qui forme une fuite de Titres dont le dernier eft l'Arrêt du Parlement du trente May dernier, qui fera ci-après énoncé , & qui renferme le Roi des Meneftriers & les Maîtres à Danfer dans les bornes qu'ils ont toujours été obligé de garder.

Que voulant fe conferver ainfi qu'à ceux qui les fuivront, les Titres de leur liberté, il eft néceffaire avant d'en conftater le Dépôt , qu'ils faffent l'analyfe de ces mêmes Titres, qui feule a fervie au Jugement du Procès.

Que fans remonter dans des tems plus éloignés , les Statuts des Maîtres à Danfer , Joueurs d'Inftrumens , tant haut que bas , revêtus de Lettres Patentes du mois d'Octobre mil fix cens cinquante-huit , prefcrivoient Article trois, que lefdits Maîtres à Danfer ne pourroient enfeigner les Jeux d'Inftrumens, qu'à ceux qui étoient obligés en qualité d'Apprentifs chez eux , à peine de cinquante livres d'amende ; qu'on étoit donc bien éloigné de penfer qu'ils euffent le privilége exclufif d'enfeigner le Jeu de tous les Inftrumens, & bien moins le pouvoir de troubler ceux qui profeffoient librement la Compofition & le talent du Jeu de tous les Inftrumens.

Que le deux Novembre mil six cens quatre-vingt-douze, le Roi par une Déclaration, fit simplement défenses à toutes personnes de montrer la Danse sans avoir été reçus Maîtres ; les Maîtres à Danser furent qualifiés comme ils l'avoient été ci-devant, Joueurs d'Instrumens tant haut que bas (ce qui s'entendoit du Violon & de la Basse de Violon, à quoi fut ajouté alors) & Hautbois. Cet Instrument uniquement réuni à l'Ennoncé d'Instrumens tant haut que bas, comme servant assez souvent à la Danse, fit imaginer au Roi des Menestriers & aux Jurés de la Communauté, que ces termes renfermoient tous les Instrumens, lorsqu'au contraire n'ayant jamais fait usage que du Violon & de la Basse, & leur étant permis simplement de jouer du Hautbois, c'étoit leur interdire tous les autres Instrumens à titre de Maîtres, n'ayant été pour lors qualifiés & dans la suite que Joueurs, & non Maîtres d'Instrumens tant haut que bas, & Hautbois ; en conséquence ils attaquerent les Organistes, & tous ceux qui enseignoient les Instrumens d'harmonie ; & ils voulurent les forcer à se faire recevoir Maîtres à Danser. L'affaire engagée au Châtelet, & par Appel au Parlement, y fut solemnellement décidée par Arrêt du sept May mil six cens quatre-vingt-quinze ; la Communauté des Maîtres à Danser fut déboutée de ses demandes, condamnée à reformer ses qualités, à ne prendre que celle ci-dessus énoncées, conformément à la Déclaration de mil six cens quatre-vingt-douze, avec dépens.

Que lesdits Maîtres à Danser, à qui ce Jugement devoit apprendre la valeur des termes, & ne leur plus faire désirer d'explications ; quelques années après, tenterent par d'autres moyens de parvenir à leurs fins, à l'occasion de la réunion des Charges qui avoient été créées dans leur Communauté, & du payement de la finance d'icelles, ils obtinrent des Lettres Patentes le cinq Avril mil sept cent sept ; & furtivement se firent qualifier Maîtres d'Instrumens de toute espéce, qui furent énoncés, comme Clavecin, Flutte, &c. avec défenses à toutes personnes, autres que celles reçues à la Maîtrise, sous peine de quatre cens livres d'amende, de s'entremettre à enseigner le Jeu desdits Instrumens ; les Organistes présenterent un Mémoire qui prouvoit la surprise des Lettres : il leur fut rendu une justice bien complette ; on obligea les Maîtres à Danser de rapporter ces Lettres : elles furent biffées, lacérées & le sceau arraché, en cet état elles furent remises aux Organistes. Le dix-huit May mil sept cent sept, on expédia d'autres Lettres aux Maîtres à Danser, dans lesquelles leurs qualités furent reformées, & l'énoncé de tous les Instrumens, autres que ceux haut & bas, & Hautbois, & la défense d'enseigner faite à autres que lesdits Maîtres à Danser, furent soustraits ; comme ils demandoient par ces Lettres Patentes, moins de nouveaux Statuts qu'un Titre pour étendre leurs droits, & que

la tentative avoit eu fi peu de fuccès ; ils négligerent de faire enregiftrer ces nouvelles Lettres.

Que pour par lefdits Organiftes fe mettre à l'abri' de toutes les
chicannes qu'on leur faifoit effuyer, ils obtinrent des Lettres Patentes le vingt-cinq Juin mil fept cent fept . qui ont été enregiftrées
au Parlement le quatre Juillet fuivant , par lefquelles le Roi a maintenu les Organiftes de fa Chapelle & autres faifant Profeffion d'Enfeigner la Compofition & toucher les Inftrumens d'harmonie dans
le libre exercice de leur Profeffion . défend aux Maîtres à Danfer
de les y troubler , & de prendre d'autres qualités que celles qui
leur ont été prefcrites par les Titres dont on vient de faire l'énoncé , & de fe renfermer dans les bornes qui leur y font marquées.

Que le fieur Guignon a encore cru malgré ces Piéces autentiques
(qu'il ne devoit pas ignorer) pouvoir attaquer de nouveau lefdits
Organiftes. Il a préfenté le vingt-cinq Juin mil fept cent quarante-
fept de nouveaux Statuts revêtus de Lettres Patentes du mois de
Juillet audit an ; dont le Titre & les Articles font compofés de fa-
çon qu'il n'y en avoit prefque aucun qui n'ôtât aux Organiftes leur
liberté , & ne les affervit à prendre qualité dans la Communauté des
Maîtres à Danfer , ce qu'ayant appris lefdits Organiftes , ils ont formé oppofition à l'enregiftrement de ces nouveaux Statuts le dix-
neuf Août fuivant ; tout eft refté dans cet état jufqu'au vingt-un Octobre mil fept cent quarante-neuf , que le fieur Guignon & fes Adhérans ont fait affigner les Oppofans , pour procéder fur leur Oppofition : lefdits Organiftes ont fait voir dans une Requête du vingt-
deux Janvier mil fept cent cinquante , & par un Mémoire qui établit
fans réplique leur liberté , l'injuftice & l'indécence de la qualité qu'on
vouloit les forcer de prendre au mépris des Lettres Patentes & des
Arrêts qu'ils ont obtenu. Le fieur Guignon forcé d'en convenir , a
fait fignifier un défiftement de fes prétentions contre les Organiftes
& ceux qui profeffent le Clavecin , avec la réferve qu'aucunes perfonnes ne pourroit enfeigner le Jeu de tous les autres Inftrumens ,
fans être reçus Maîtres à Danfer ; les Organiftes n'ont point eté ten-
tés de croire qu'un femblable Acte leur rendit la juftice & les droits
qui leur étoient acquis. Ils ont donné Acte audit fieur Guignon de
fon défiftement; & cependant perfifté dans toutes leurs Conclufions ,
tant pour la réformation des qualités du Roi des Meneftriers & des
Maîtres à Danfer , & celle des Articles des Statuts qui pouvoient
nuire à la liberté des Organiftes , que pour l'exécution des Lettres
Patentes & Arrêts dont on a parlé. Il a été en outre répondu à ce
défiftement par un Mémoire précis , qui a été répliqué par les Maîtres à Danfer , ce qui n'a pas mérité d'être repondu. Un de leurs
Argumens étoit que la qualification des Joueurs d'Inftrumens tant
haut que bas & Hautbois , ajouté à la qualité de Maîtres à Danfer ,

fignifioit

fignifioit tous les Inftrumens, & même marquoit deux Maîtrifes ;
l'une de Danfe, & l'autre pour le Jeu des Inftrumens. Rien de fi
faux que l'allégation des deux Maîtrifes ou Communauté, & par
rapport à ce qu'on doit entendre par Joueurs d'Inftrumens tant
haut que bas & Hautbois, qu'indépendamment de l'Arrêt de mil fix
cens quatre-vingt-quinze qui l'explique comme il a été dit. Les Lettres Patentes du cinq Avril mil fept cent fept, qui énonçoient en
détail tous les Inftrumens, qui ont été biffées & lacérées, & celles
du dix-huit May même année, qui retranchent toutes les énoncia-
tions qu'on avoit obtenus furtivement, prouvent invinciblement &
par la volonté du Souverain ce qu'on doit entendre.

Qu'enfin, en l'Audience en la Grand'Chambre, le trente May
mil fept cent cinquante, a été prononcé Arrêt qui adjuge toutes les
Conclufions des Organiftes, les maintient dans leur liberté & ordonne avec détail la réformation des qualités en tête des nouveaux
Statuts & de tous les termes de ces Statuts, où les Organiftes, Compofiteurs de Mufique, Enfeignans les Inftrumens d'harmonie & fervant à l'accompagnement des Voix, peuvent être nommés ou inter-
reffés directement ou indirectement, & en outre a ordonné que ledit Arrêt feroit enregiftré fur les Regiftres de la Communauté des
Maîtres à Danfer, ce qui a été exécuté fuivant le Procès-verbal de
Griveau Huiffier au Parlement, le vingt-fept Juin mil fept cent cinquante, au moyen de quoi le Roi des Meneftriers & les Maîtres à
Danfer, ont été réduits le trente May mil fept cent cinquante, à ne
prendre que la qualité de Maîtres à Danfer, Joueurs d'Inftrumens
tant haut que bas & Hautbois, quelques tentatives qu'ils ayent fait
depuis mil fix cent cinquante-huit.

Que les Comparans & les autres Organiftes n'ayans jamais fait
Corps entr'eux, par la parfaite liberté dont ils jouiffent, n'ont
point de Dépôt de leurs Archives & qu'ils ont même eu beaucoup
de peine à raffembler leurs Titres. Pour n'être pas expofés à ces inconvéniens, s'il étoit poffible qu'ils fuffent dans la fuite troublés, ils
défirent fe procurer la confervation de toutes les Piéces ci-deffus
énoncées ; ils y font engagés par la reconnoiffance qu'ils doivent aux
Puiffances qui ont prononcé & affuré tant de fois leur liberté, par
amour pour leur Profeffion, qui leur devient toujours plus précieufe
par cette même liberté qu'on leur conferve, & enfin pour l'avantage de ceux qui la profefferont à l'avenir ; pourquoi lefdits fieurs
Comparans ont réquis Me Gervais, l'un des Notaires fouffignés, de
vouloir garder au rang de fes minutes, & lui ont par ces Préfentes
dépofé les Piéces ci-après énoncées.

Premiérement, Copie collationnée par Me Bois Notaire, le
quinze Janvier mil fix cent foixante-treize, des anciens Statuts defdits Maîtres à Danfer, revêtus de Lettres-Patentes du mois d'Octo-

bre mil fix cent cinquante-huit, enregiftrées au Parlement le vingt-deux Août mil fix cent cinquante-neuf.

Deuxiémement, un petit Livre imprimé en mil fix cent foixante-quatre couvert de parchemin, intitulé le Mariage de la Mufique avec la Danfe, contenant un Mémoire du fieur Dumanoir, ci-devant Roi & Maître des Meneftriers contre les Danfeurs de l'Académie.

Troifiémement, Copie imprimée de la Déclaration du Roi du deux Novembre mil fix cent quatre-vingt-douze, qui fixe les qualités des Maîtres à Danfer.

Quatriémement, Copie imprimée par Extrait de l'Arrêt du Parlement du fept May mil fix cent quatre-vingt-quinze, rendu au profit des Organiftes, Compofiteurs de Mufique, contre le Roi des Meneftriers & les Maîtres à Danfer.

Cinquiémement, une Liaffe de treize Piéces, qui font différentes Requêtes & Mémoires imprimés, & autres Piéces qui ont fervi pour obtenir l'Arrêt du fept May mil fix cent quatre-vingt-quinze, ci-devant énoncé.

Sixiémement, l'Original en parchemin des Lettres-Patentes que les Maîtres à Danfer avoient furpris le cinq Avril mil fept cent fept, fignées Louis, & plus bas Phelypeaux, & vû au Confeil figné Chamillard. Lefquelles trois fignatures font biffées par différens traits de plumes, & le cinquiéme Rôle fur lequel font lefdites fignatures, biffées eft lacéré en plufieurs endroits, & auquel Rôle ne s'eft point trouvé de fceau, qui paroît avoir été arraché par la difpofition des endroits lacérés.

Septiémement, Copie collationnée par Me Lange & Meffin Notaires à Paris, le vingt-trois May mil fept cent fept, d'autres Lettres-Patentes accordées aufdits Maîtres à Danfer le dix-huit May mil fept cent fept, au lieu de celles du cinq Avril de la même année, qui avoient été rapportées.

Huitiémement, l'Original en parchemin des Lettres-Patentes accordées aux Organiftes le vingt-cinq Juin mil fept cent fept, enregiftrées au Parlement le quatre Juillet audit an, & fignifiées aux Maîtres à Danfer le quatre Novembre mil fept cent dix.

Neuviémement, l'Original en parchemin de l'Arrêt d'enregiftrement defdites Lettres du quatre Juillet mil fept cent fept.

Dixiémement, l'Original en parchemin de l'Arrêt du Parlement du trente May mil fept cent cinquante, rendu au profit defdits Organiftes, contre le fieur Guignon Roi & Maître des Meneftriers, & les Maîtres à Danfer, Joueurs d'inftrumens tant haut que bas & Hautbois, qui ordonne la réformation de leurs nouveaux Statuts & de leurs qualités, au bas duquel font les fignifications, tant aux Procureurs des Parties qu'au domicile dudit fieur Guignon à Verfailles.

Onziémement , l'Original de l'Exploit de fignification dudit Arrêt aux Jurés des Maîtres à Danfer en leur Bureau, en date du vingt-fix Juin mil fept cent cinquante.

Douziémement , l'Original du Procès-verbal du vingt-fept Juin mil fept cent cinquante , fait au Bureau de la Communauté des Maîtres à Danfer par Griveau Huiffier au Parlement , & portant enre-giftrement fur le Livre des délibérations de la Communauté , en exécution & conformément à l'Arrêt du trente May mil fept cent cinquante de l'Arrêt du fept May mil fix cent quatre-vingt-quinze , des Lettre Patentes du vingt-cinq Juin mil fept cent fept & dudit Arrêt du trente May mil fept cent cinquante.

Et finalement une Liaffe de trente Piéces , qui font Mémoires imprimés , Oppofitions , Demandes & Procédures formées & faites pour parvenir à obtenir l'Arrêt du trente May mil fept cent cinquante.

En conféquence toutes lefdites Piéces font demeurées jointes à la minute des préfentes , après que les deux Liaffes ci-deffus ont été cottées & paraphées par premiere & derniere par ledit fieur Daquin, ainfi que les onze autres Pieces ont été fignées & paraphées *ne varietur* dudit fieur Daquin , en préfence des Notaires fouffignés , obfervation préalablement faite que la douziéme Piéce de la deuxiéme Liaffe eft déchirée à moitié.

Ce préfent Dépôt fait pour les raifons ci-devant dites , & pour defdits Titres & Piéces être délivrés par ledit Mᵉ Gervais des Copies collationnées , même en communiquer des Originaux aux Procureurs qui feront choifis par lefdits Organiftes , fi par la fuite ils étoient obligés de foutenir quelque nouvelle conteftation pour la liberté de leur Profeffion.

Dont Acte requis & octroyé , fait & paffé à Paris ès Etudes , l'an mil fept cent cinquante le vingt-neuf Décembre après midi , & ont figné la minute des préfentes demeurée audit Mᵉ Gervais Notaire , qui a délivré la préfente Expédition ce jourd'hui vingt Janvier mil fept cent cinquante-un.

Suivi & Imprimé par les foins & dépenfes de Meffieurs les Organiftes Compofiteurs de Mufique , & faifans profeffion d'Enfeigner à toucher le Clavecin , les Inftrumens d'Harmonie , & fervans à l'accompagnement des Voix. Et principalement

DE MESSIEURS

Dagincourt, Landrin, Calvieres & Daquin, Organiftes du Roi ;

ET DE MESSIEURS,

C

Couperin ,	Clerambault , cadet.	Corrette ;
Clément ,	Chéron ,	Carton ,
Clerambault , l'aîné,		Cavanié , de Caën,

D

Debouffet,
Delair,
Demars,
Delaporte ;
Dornel,
Dubugrarre,
Dubuiffon,
Duphly,
Dufour,
Dupuits Desbricets,

F

Foucquet,
Forqueray, oncle.
Forqueray, neveu.
Fevrier,

G

Gigault,
Godro,
Grillon,

J

Jollage,
Ingrin,

L

Letourneur,
Lefebvre,

M

Milman,
Marchand, de Ver‐
failles.
Moireau ,d'Orléans.

N

Noblet,

P

Paulin, de Verfailles.

V

Vernadé,
Vinot,

Tous Organiftes Compofiteurs de Mufique, faifans profeffion
d'Enfeigner à toucher le Clavecin, les Inftrumens d'Harmonie,
& fervans à l'accompagnement des Voix.